Das große Paul & Papa Buch

Susanne Weber

Das große Paul & Papa Buch

60 Vorlesegeschichten

MIXTVISION
Weiter. Erzählen.

Mit Illustrationen
von Susanne Göhlich

Paul & Papa

Unterwegs mit
Paul & Papa

Tierisch was los bei
Paul & Papa

Paul & Papa

Der Bagger vor der Tür

„Das kann ja wohl nicht wahr sein!“, sagt Papa empört, als Paul und er die Haustür öffnen und nach draußen treten. „Schon wieder eine Baustelle direkt vor unserem Haus! Die können doch nicht zum dritten Mal den Boden aufreißen!“

Mit einem lauten Krachen lädt der Bagger eine Schaufel voller Steine ab. Paul strahlt. „Ist doch super!“, sagt er.

„Es ist total laut. Und außerdem gibt es dann weniger Parkplätze!“, beschwert sich Papa.

Der Baggerfahrer bemerkt Papas bösen Blick und stellt den Motor ab. „Keine Sorge. Diesmal dauert es nicht lang. Wir überprüfen nur die Leitungen an dieser Stelle. Dann kommt wieder 'ne Schicht Asphalt drauf und fertig.“

„Och, schade“, sagt Paul enttäuscht.

„Willst du mal in die Fahrerkabine gucken?“, fragt der Baggerfahrer.

„Au ja!“, sagt Paul und Papa hebt ihn über die Absperrung.

Der Baggerfahrer rückt zur Seite und Paul klettert neben ihn auf den Fahrersitz.

Davon hat Paul schon lange geträumt: mal in einem richtigen Bagger zu sitzen!
Geduldig erklärt der Baggerfahrer jeden Knopf und Hebel. Jetzt kommt sogar Papa interessiert näher.
„Willst du auch mal fahren?“, fragt der Baggerfahrer.
„Darf ich das denn?“, fragt Paul und schaut abwechselnd zu Papa und dem Baggerfahrer.
„Klar doch!“, ruft er laut, als beide nicken.
Der Baggerfahrer nimmt Paul auf den Schoß und startet den Motor.

Stolz hält Paul das Lenkrad in den Händen und steuert den schweren Bagger. Er darf sogar die Schaufel hochfahren lassen, allerdings ohne Steine.
„So, jetzt muss ich aber weiterarbeiten", sagt der Baggerfahrer, stellt den Motor ab und hebt Paul wieder hinunter. „Sonst werden wir ja gar nicht fertig."
„Ach, das wäre doch nicht so schlimm", sagt Papa.
„Genau", sagt Paul. „Sie können ruhig noch länger hier baggern. Wenn ich im Kindergarten erzähle, dass ich Bagger gefahren bin, sind bestimmt alle neidisch."
„Danke!", ruft Papa noch, aber der Motor läuft schon wieder, sodass der Baggerfahrer ihn nicht mehr hört.
„So laut kommt es mir jetzt gar nicht mehr vor. Und wir fahren ja eh so selten mit dem Auto, da stört das mit den Parkplätzen gar nicht so", sagt er zu Paul, als sie zum Spielplatz an der Ecke gehen.

Männertag

Heute ist der Kindergarten geschlossen und Paul bleibt zu Hause. Papa hat sich extra freigenommen, damit die beiden mal einen richtigen Männertag machen können.
„Worauf hast du denn Lust?", fragt Papa Paul beim Frühstück.
„Ich will zu Oskar!", sagt Paul.
„Wer ist denn Oskar?", fragt Papa und gähnt.
„Der Dino. Da geht Mama nie mit mir hin."
„Das ist eine super Idee." Papa strahlt. „Genau das Richtige für einen Männertag. Und an einem Mittwochmorgen sind wir bestimmt die einzigen im Naturkundemuseum."
Eine halbe Stunde später stehen sie an der Straßenbahnhaltestelle. Paul hat sein T-Shirt mit dem Tyrannosaurus Rex angezogen, der sieht fast so gefährlich aus wie das große Skelett im Museum. Und Papa hat seine Schirmmütze aufgesetzt und den Rucksack mitgenommen, damit es ein richtiger Ausflug wird.
Nach sechs Stationen steigen sie aus und laufen noch ein Stück.

Paul rennt die Stufen zum Naturkundemuseum hoch und ruft: „Es ist total leer an der Kasse!"
Als sie drinnen sind, sagt er: „Komm, wir gehen gleich zu Oskar."
„Das Beste am Ende. Lass uns Oskar doch bis zum Schluss aufheben", schlägt Papa vor.
Paul und Papa schlendern durchs Museum. Die Steine findet Paul nicht so richtig spannend, aber zu dem Gorilla Bobby gibt es eine tolle Geschichte, die Papa ihm von den Tafeln vorliest.
„Oskar wartet", sagt Papa. „Jetzt haben wir ihn endlich mal ganz für uns allein."
Als sie zum großen Saal rübergehen, hören sie plötzlich lautes Stimmengewirr.
„Oje, ich glaube, wir sind zu spät", stöhnt Papa.
Der ganze Raum ist voller Grundschulkinder.
Die Jungs umringen das dreizehn Meter hohe Skelett des Brachiosaurus und die Mädchen laufen kichernd umher und werfen Papierkügelchen nach den Mitschülern.
„Guckt mal, der ist mit seinem Papa da", ruft ein Mädchen und zeigt mit dem Finger auf Paul. „Voll das Baby! Und was der für ein T-Shirt anhat!"

„Irgendwie hatte ich mir unseren Männertag anders vorgestellt“, sagt Papa und zieht Paul Richtung Ausgang. „Wir holen uns jetzt Pommes und dann gehen wir ins Kino. Es läuft grad Die Abenteuer des kleinen Dinos. Das ist was für Männer.“

„Au ja! Und wehe, da sind Mädchen!“, sagt Paul und streicht sein Dino-T-Shirt glatt.

Sternschnupfen

„Heute ist der Himmel besonders klar“, sagt Papa und zeigt auf das Hochhaus in der Ferne. Paul und Papa stehen wie jeden Abend am Dachfenster und schauen hinaus auf die Stadt. Paul liebt es, mit Papa die Züge anzusehen, bevor er ins Bett muss.

Sie fahren direkt an ihrem Haus vorbei. Die Wohnung liegt ganz oben im fünften Stock und der Ausblick ist einfach toll.

„Guck mal, da kommt schon ein Zug!“, ruft Paul. „Das ist ein Güterzug. Vielleicht ist der mit Steinen beladen. Oder mit Baumstämmen?“

Das Rattern wird immer lauter und der Zug nähert sich dem Haus.

„Hatschi“, macht Paul, gerade als der Zug an ihnen vorbeidonnert. „Mist, jetzt hab ich gar nicht gesehen, was der Zug geladen hatte.“

„Gesundheit“, sagt Papa. Er zieht ein Taschentuch aus der Hosentasche.

„Danke“, schnieft Paul. „Ich will nicht krank werden.“

„So ein kleiner Schnupfen ist doch nicht schlimm. Wusstest du eigentlich, dass auch Sterne manchmal Schnupfen haben?"
Nein, davon hat Paul noch nie etwas gehört. Er sieht Papa ungläubig an. Der greift nach dem Fernglas, das auf dem Schrank neben ihnen liegt.
„Hier, schau mal in den Himmel. Vielleicht haben wir Glück."
Paul hält sich das Fernglas vor die Augen. Man kann heute wirklich sehr viele Sterne sehen. Aber wie soll er erkennen, ob einer der Sterne erkältet ist?
„Das ist doch Quatsch!", sagt Paul und lässt das Fernglas sinken.
„Jetzt hab doch ein bisschen Geduld!", sagt Papa. Paul lässt den Blick hin und her gleiten und entdeckt schließlich ein paar Sterne, die besonders hell sind.
Ein weiterer Güterzug rumpelt vorbei, dann wird es ganz still. Plötzlich bemerkt Paul, wie einer der Sterne funkelt und größer wird.

Dann sieht er einen Lichtschweif, der durch die Luft fliegt. Es sieht wunderschön aus!
„Gesundheit", sagt Papa.
Paul blickt ihn fragend an.
„Der Stern hat Schnupfen und musste grade niesen. Zu dir sage ich doch auch Gesundheit."
Paul blickt noch einmal auf den Stern.
Und tatsächlich, anders als bei einer Sternschnuppe ist der Stern nicht verschwunden, sondern steht noch immer am Himmel. „Wie ...?"
„Psst", sagt Papa.
Und da glaubt Paul ein leises „Danke" zu hören, bevor in der Ferne schon der nächste Güterzug heranrattert.

Büro spielen

„Heute gehe ich nicht in den Kindergarten.“
Paul stampft wütend mit dem Fuß auf.
„Jetzt setz dich doch erst mal wieder hin und iss dein Brot“, sagt Papa.
„Nur, wenn ich mit dir ins Büro gehen kann“, sagt Paul todernst.

„Der Kindergarten ist doch auch so eine Art Büro", sagt Papa und schiebt ihn auf den Stuhl zurück. „Dort gibt es jede Menge zu tun."
„Aber das ist alles langweilig", beschwert sich Paul.
„Ach was! Du nimmst einfach deinen Notizblock und die Buntstifte mit."
Paul horcht auf und beißt in sein Marmeladenbrot, das Papa ihm hinhält.
„Du zählst die Kinder. Für jeden, der vor dem Morgenkreis da ist, machst du einen grünen Punkt. Für jeden, der zu spät kommt, einen gelben. Und für die, die fehlen, einen roten. Dann zählst du die Punkte."
„Machst du das auch so im Büro?", fragt Paul.
Papa nickt. „Ja, so ähnlich. Beim Mittagessen zählst du die Kinder und guckst, ob noch alle da sind. Du kannst dir auch notieren, wer die Suppe mag und wer nicht. Und wer kein Fleisch isst, so wie du."
„Dann muss ich ja dauernd zählen und schreiben", mault Paul.
„Was anderes mache ich auch nicht im Büro." Papa nimmt den letzten Schluck Kaffee aus der Tasse. „Komm, wir müssen uns fertig machen."
Als sie angezogen an der Tür stehen, sagt Papa:

„Jetzt hol noch schnell deinen Notizblock und die Buntstifte."

„Ach, weißt du, Büro ist mir doch zu langweilig. Ich nehm lieber mein Feuerwehrauto mit und spiel mit Bruno. Willst du nicht auch einfach bei mir im Kindergarten bleiben?", schlägt Paul vor.

„Liebend gern", antwortet Papa und seufzt. „Aber ich muss wohl Büro spielen."

Wanni, wanni, wanni

„Ab in die Wanne!“, ruft Papa und räumt das Geschirr vom Abendessen in die Maschine.

„Och nö“, kommt es aus Pauls Zimmer zurück.

„Ich muss doch noch die Ritterburg fertig aufbauen.“

„Kleine Ritter brauchen auch mal ein Bad. Du hast ja schon eine richtige Rüstung aus Dreck. Ich lass schon mal das Wasser ein“, sagt Papa.

Papa wäscht sich die Hände und summt „Wanni, wanni, wanni, must be funny ...“ vor sich hin, als Paul mit voll beladenen Händen ins Badezimmer kommt.

Wusch!, macht es, und Papa dreht sich erschrocken zur Badewanne um.

„Was war das denn?“

„Meine Ritterburg. Du hast doch gesagt, dass Ritter auch mal ein Bad brauchen.“

„So war das aber nicht gemeint! Na ja ... jetzt wo alles schon drin ist. Also los, ausziehen“, sagt Papa.

Paul lässt sich zwischen die Ritter, Pferde und Burgmauern ins warme Wasser gleiten. Paul und Papa türmen riesige Schaumberge auf, die die Ritter mit ihren schweren Rüstungen erklimmen. Ein Ritter stürzt auf seinem Pferd ab und droht zu ertrinken.

„Puh, gerettet“, schnauft Paul und hält den Ritter in seiner Hand. „Zum Glück sind Ritter nicht wasserscheu.“

„Ach ja?“, sagt Papa. „Dann macht es dir bestimmt nichts aus, wenn ich dir jetzt die Haare wasche.

Paul stöhnt leise. Haare waschen ist so ziemlich das Blödeste, was es gibt. Wenn das Wasser über die Augen läuft, hat er immer für einen kurzen Moment Angst zu ertrinken. Obwohl er weiß, dass ihm das in der Badewanne mit Papa daneben nicht passieren kann.

„Nö, Quatsch, ich bin doch kein Baby!“, sagt Paul aber cool und setzt sich gerade hin.
Als Papa den Duschstrahl auf seinen Kopf richtet, beißt Paul die Zähne zusammen. Und als Papa das Shampoo wieder rauswäscht, schließt er seine Hand so fest um den Ritter, dass sich das Schwert in seine Hand bohrt.
„Super, du tapferer Ritter“, sagt Papa. „So still hast du ja noch nie gehalten.“
Stimmt, denkt Paul und merkt, dass es gar nicht so schlimm war.
„Mmmh“, macht Mama und gibt ihm einen Gutenachtkuss. „Frisch gewaschene Haare!“
Als er im Bett liegt, hat Paul den kleinen Ritter noch immer in der Hand. Papa liest ihm eine Geschichte von Ritter Rost vor und Paul fallen schon die Augen zu.
Er dreht sich zur Seite, Papas Stimme wird immer leiser und er beginnt zu träumen. Von riesigen Schaumbergen, die er erklimmt, und Wasserfällen, die ihm absolut keine Angst machen.
„Wanni, wanni, wanni“, summt Papa leise, als er das Licht ausmacht.

Lakritz ist kein Abendessen

„Was willst du heute Abend essen?“, fragt Papa Paul, als sie nach Hause kommen.
„Lakritz!“, ruft Paul.
„Lakritz ist doch kein Abendessen“, sagt Papa. „Ich kann Nudeln machen oder wir essen Brot.“
„Ich will aber Lakritz“, sagt Paul.
„Das kommt nicht infrage“, sagt Papa. „Lakritz ist viel zu ungesund und außerdem bekommt man davon ganz schwarze Zähne. Ich mach uns leckere Spaghetti mit Tomatensoße.“
Paul ist nicht gerade begeistert, aber es könnte auch Schlimmeres geben als Spaghetti mit Tomatensoße. Brokkoli zum Beispiel oder Spinat.
Paul hilft Papa beim Kochen. Die Spaghetti darf er zwar nicht in den Topf tun, weil sonst das heiße Wasser spritzen könnte, dafür rührt er um und gibt Salz und Pfeffer in die Tomatensoße.

Papa reibt Parmesan über die Nudeln, und Paul merkt, dass er ziemlich großen Hunger hat.
Paul und Papa machen ein Spaghetti-Wett-Schlürfen und die Soße spritzt nur so herum. Auf Papas und Pauls T-Shirts sind lauter rote Flecken.
„Gewonnen!", ruft Paul, als die letzte Nudel in seinem Mund verschwindet.
„Das ist gemein", sagt Papa mit verschmiertem Mund. „Meine Portion war viel größer!"
„Hihi", kichert Paul, als auch Papa fertig ist. „Dein Mund sieht aus wie von einem Monster!"
„Deiner auch", sagt Papa und schneidet eine Grimasse. „Wir waschen uns einfach gleich die Gesichter, mit ein bisschen Seife ist die Soße ruckzuck weg."

„Dazu würden schwarze Zähne richtig gut passen", sagt Paul. „Und mit ein bisschen Zahnpasta gehen die Lakritzreste ruckzuck weg."

„Na, okay. Hol dir als Nachtisch noch ein Stück Lakritz aus der Dose", sagt Papa und muss grinsen.

Später stehen Papa und Paul zusammen vor dem Spiegel und schneiden monstermäßige Grimassen.

„Und jetzt gut Zähne putzen", sagt Papa mit seiner Monsterstimme und hält Paul die Zahnbürste hin.

„Und Gesicht waschen!", fügt Paul hinzu und hält Papa den Waschlappen hin.

Ecken in die Ecke

„Wo ist denn nur das Teil mit der Baggerschaufel?", sagt Paul und sucht auf dem Tisch herum.
„Da, neben der Tasse", sagt Mama, und ihr Kopf verschwindet wieder hinter der Zeitung.
Paul liebt Puzzles. Papa sagt immer: „Ecken in die Ecke. So fängt man am besten an. Der Rest ergibt sich von selbst."
Früher hat Paul noch Puzzles mit zwölf oder fünfzehn Teilen gemacht. Jetzt schafft er schon welche mit über fünfzig Teilen. Und jedes Mal, wenn er anfängt, hat er Papas Satz im Kopf.
So geht es ganz leicht. Erst die Ecken in die Ecken, dann die Ränder an den Rand. Und am Schluss die Mittelteile. Das muss er Papa zeigen.
„Wann kommt Papa denn wieder?", fragt Paul.
„Der müsste bald vom Baumarkt zurück sein. Bestimmt taucht er gleich mit dem neuen Regal für dein Zimmer auf", tönt es hinter der Zeitung hervor.
Da hören sie auch schon ein lautes Rumpeln vor der Tür. Der Schlüssel dreht sich im Schloss und Papa hievt ein riesengroßes Paket in den Flur.

„Du machst das Flugzeugpuzzle, ich bau das Regal auf. Wer zuerst fertig ist, hat gewonnen“, sagt Papa und macht den Karton auf. „Mann, sind das viele Teile!“, stöhnt er.
„Bestimmt nicht mehr als das Flugzeugpuzzle!“, sagt Paul.
„Braucht irgendjemand Hilfe?“, fragt Mama.
Papa und Paul schütteln die Köpfe und machen sich an die Arbeit.
Paul beginnt mit den Ecken, legt dann die Ränder und nach ein paar Minuten ist er schon bei den Mittelteilen. Hier noch die Turbine und da den Tankwagen, dann ist er fertig.

„Fertig!“, ruft Paul und geht zu Papa. „Ich hab gewonnen. Was ist denn das für ein Chaos hier?“
Papa hält ein Teil hoch: „Ich habe keine Ahnung, wo das hinsoll.“
Paul setzt sich zu ihm. „Sieht aus wie ’ne Ecke. Ecken in die Ecke, würd ich sagen.“
„Stimmt, das könnte ein Winkel sein. Mal sehen … Ja, es passt!“ Papa strahlt. „Und das hier?“
„Ränder an den Rand“, sagt Paul.
„Hmm, stimmt, vielleicht ist das die Leiste hier vorne … Super, Paul!“, sagt Papa.
Nach zehn Minuten sind alle Teile an ihrem Platz. Mit dem Akkuschrauber schraubt Papa sie ruckzuck zusammen.
„Ohne dich hätte ich das nie geschafft“, sagt Papa und klopft Paul auf die Schulter. „Jetzt müssen wir das Regal nur noch einräumen.
Paul und Papa gucken sich an.
„Mama!“, ruft Paul. „Ich glaube, wir brauchen jetzt doch mal deine Hilfe!“

Geburtstagskuchen für Mama

„Heute backen wir nach dem Kindergarten einen Kuchen für Mama“, sagt Papa. „Sie hat doch morgen Geburtstag.“

„Au ja!“, sagt Paul. „Einen Marmorkuchen!“

Um Punkt vier holt Papa Paul ab und sie gehen zum Supermarkt gegenüber, um die Zutaten zu kaufen.

„Mist, jetzt habe ich die Einkaufsliste vergessen“, sagt Papa. „Was brauchen wir denn?“

„Eier, Butter, Zucker, Mehl“, zählt Paul auf.

„Gut! Und Kakao für den dunklen Teil“, sagt Papa und legt eine Schachtel Eier in den Wagen.

Zusammen suchen sie die anderen Zutaten und gehen dann zur Kasse.

Zu Hause packen sie alles aus und legen es auf den Küchentisch.

„Wo ist denn jetzt das Rezept?“, sagt Papa und wühlt in einem Stapel Papier herum. „Ach, das kann ja nicht so schwer sein. Wir machen das aus dem Kopf!“

„Erst muss man die Butter mit dem Zucker verrühren“, sagt Paul und holt den Mixer aus dem Schrank.

„Stimmt, und dann macht man nach und nach die Eier dazu“, ergänzt Papa. „Und später das Mehl und den Kakao, das ist doch kinderleicht!“
Paul hält den Mixer und Papa schlägt die Eier auf.
Als sie das Mehl in die Schüssel schütten und alles verrühren, gibt es eine riesige Staubwolke.
Am Schluss teilen sie den Teig in zwei Hälften und fügen bei der einen den Kakao hinzu. Wieder gibt es eine große Staubwolke, aber diesmal ist sie braun.

„Fertig!“, sagt Paul, als sie mit einer Gabel das Marmormuster in den Teig gemacht haben und den Kuchen in den Ofen schieben.
„Und jetzt aufräumen, bevor Mama kommt“, sagt Papa. Paul murrt. Lieber will er die Schüssel ausschlecken, in der noch Teigreste kleben.
Plötzlich hören sie den Schlüssel im Schloss. „Du darfst nicht in die Küche, Mama!“, ruft Paul und macht schnell die Tür zu.
„In Ordnung“, sagt Mama. „Mmmh, wonach riecht es denn hier? Und warum hast du so eingestaubte Haare?“
Stolz steht Paul vor dem Backofen und wartet darauf, dass der Kuchen aufgeht. Aber irgendwie wird er gar nicht größer, so wie beim letzten Mal, als er mit Mama Marmorkuchen gebacken hat.
Pünktlich zum Abendessen ist der Kuchen fertig und Paul und Papa stellen ihn zum Abkühlen auf den Balkon. Jetzt darf auch Mama wieder in die Küche.
Am Abend, als Mama Nachrichten guckt, machen Paul und Papa noch eine Schokoglasur auf den Kuchen und verzieren ihn mit Kerzen.
„Da wird Mama sich aber freuen“, sagt Papa.
„Obwohl der Kuchen wirklich etwas klein aussieht.“

Am nächsten Morgen ist Paul schon früh wach. Er holt den Kuchen aus der Küche und findet die Streichhölzer in der Versteckschublade. Papa zündet die Kerzen an und sie wecken Mama mit einem lautem „Happy Birthday".

„So einen tollen Kuchen hab ich ja noch nie bekommen!", sagt sie und strahlt.

Noch im Bett schneiden sie den Kuchen an. „Komisch, der ist so fest", sagt Papa und muss mit dem Messer richtig säbeln.

„Habt ihr vielleicht das Backpulver vergessen?", fragt Mama und beißt in den Kuchen.

Papa und Paul gucken sich entsetzt an.

„Macht doch nichts", sagt Mama, und dabei fliegen ihr die Krümel nur so aus dem Mund. „Das ist der leckerste Geburtstagskuchen, den ich je hatte. Aber könnte ich dazu vielleicht noch einen Geburtstagskaffee zum Nachspülen bekommen?"

Der Buddha-Mann

„Da ist der Buddha!“, ruft Paul und zeigt auf die vergoldete Statue. „Mann, hat der einen dicken Bauch. Und warum hat er immer die Augen zu?“
„Weil er meditiert. Er denkt ganz viel nach und träumt. Oh, da kommt schon unser Essen“, sagt Papa.
„Erbsen und Rahmkäse für den kleinen Buddha“, sagt die Bedienung und stellt den Teller vor Paul hin.
Paul verzieht das Gesicht. Das ist aber nicht nett von der Bedienung! Doch als ihm der leckere Duft in die Nase steigt, kann er nicht mehr böse sein.
Heute ist Samstag und nach dem anstrengenden Einkauf auf dem Markt haben sich Paul und Papa eine Stärkung beim Inder verdient.
„Es ist doch toll, mit Buddha verglichen zu werden“, sagt Papa. „Buddha ist sehr schlau und weise.“
„Aber er hat so einen dicken Bauch“, sagt Paul und schiebt sich eine volle Gabel in den Mund. „Mmmh, ist das lecker!“
Ruckzuck leert sich der Teller und auch bei Papa bleibt kein Reiskorn übrig.
„Komm, wir gehen noch auf den Spielplatz“, sagt Papa,

als sie auch das Mango-Lassi ausgetrunken haben. Der Spielplatz an der Ecke ist fast leer, nur ein dicker Mann sitzt mit geschlossenen Augen auf einer der beiden Parkbänke und lässt sich die Sonne ins Gesicht scheinen.

„Guck mal, hier gibt's auch einen Buddha", sagt Paul und zeigt auf den Mann.
„Psst!", macht Papa. „Nicht, dass er das hört!"
„Na, Kleiner! Wusstest du, dass Buddha ‚der Erwachte' heißt?", ertönt plötzlich eine tiefe Stimme.

Paul erschrickt ordentlich und Papa dreht sich beschämt weg.
Jetzt öffnet der Mann ein Auge und lächelt. Papa entspannt sich und setzt sich auf die zweite Parkbank.
„Auch wenn er aussieht, als ob er schläft, ist er im Geist hellwach", sagt der Buddha-Mann.
„Echt?" Paul merkt, dass der Mann ihm nicht böse ist, und kommt näher.
„Buddha wurde in Indien geboren. Weißt du, wo das ist?", fragt der Mann.
„Na klar!", sagt Paul. „Da vorne, da ist doch das Restaurant."
„Na ja, nicht so ganz", sagt der Buddha-Mann. Paul setzt sich zu ihm auf die Bank und der Buddha-Mann fängt an zu erzählen. „Indien ist ein sehr großes Land in Asien ..."
Irgendwann werden sie von einem lauten Schnarchen unterbrochen. Paul blickt zur anderen Parkbank, wo Papa eingenickt ist.
Paul steht auf und stupst Papa an. Doch der schläft seelenruhig weiter. „Ich glaub, mein Papa ist kein Buddha", sagt Paul. „Der schläft wirklich."

Zwillinge

„Papa, ich will einen Zwillingsbruder haben, dann muss ich nicht immer alleine spielen“, jammert Paul und tritt so fest gegen den Memory-Karton, dass die Spielkarten durchs ganze Zimmer fliegen.

„Ich spiele doch mit dir. Außerdem ist es für einen Zwilling jetzt zu spät“, sagt Papa und sammelt die Karten wieder ein.

„Wieso das denn?“, fragt Paul.

„Na ja, weil man einen Zwilling nicht einfach im Laden kaufen oder im Internet bestellen kann. Der hätte schon zusammen mit dir in Mamas Bauch sein müssen“, erklärt Papa. „Zwillinge sind ja schließlich immer gleich alt.“

„Nein“, sagt Paul. „Benjamin aus dem Kindergarten ist fünf Minuten älter als Jonathan.“

„Ja, okay“, sagt Papa. „Sie können ja auch schlecht gleichzeitig hinauspurzeln. Aber sie wurden kurz nacheinander am gleichen Tag geboren.“

„Auf jeden Fall ist es mit einem Zwilling nie langweilig“, sagt Paul.

„Das stimmt, aber dafür musst du auch alles teilen: Spielsachen, Essen, alles. Auch Mama und Papa", sagt Papa und setzt sich zu Paul auf den Boden.
„Dann würde ich deinen Kopf und die Arme nehmen", sagt Paul und verteilt die Memorykarten.
„Und wie sollen wir dann noch zusammen Fußball spielen? Nein, im Ernst: Wir hätten dann auch nur halb so viel Zeit für dich", sagt Papa. „Du fängst an."
Paul deckt zwei Karten auf. „Ich bräuchte euch dann ja gar nicht mehr", sagt Paul und dreht eine wieder um. „Du bist dran."
„Aha? Und wer bringt euch in den Kindergarten, macht das Essen und wäscht die Wäsche?", fragt Papa und deckt ebenfalls zwei Karten auf.
„Wir essen Tiefkühlpizza und ich zieh jeden Tag meinen gestreiften Pulli an, den mag ich eh am liebsten. Da, ein Pärchen!" Stolz legt Paul zwei Karten zur Seite. „Ich darf noch mal!"
Pauls Stapel wird immer größer. Bald liegen nur noch fünf Karten auf dem Boden.

„Ich bin dran", sagt Papa und reibt sich die Hände. „Ich hole noch auf!" Er deckt die letzten beiden Pärchen auf und legt sie auf seinen Stapel, der trotzdem nur halb so hoch ist wie der von Paul.

„Gewonnen!“, ruft Paul und schiebt seinen Stapel neben Papas. Auf dem Boden liegt noch eine einzelne Karte mit einem Jungen auf einem Roller drauf. „Komisch, wo ist nur der zweite Rollerjunge?“ Schnaufend kommt Mama zur Tür herein. „Entschuldigt, dass ich so spät bin. Heut war wieder was los bei der Arbeit! Tiefkühlpizza zum Abendessen?“, fragt sie.

Paul und Papa schauen sich an und müssen lachen.
„Au ja!“, sagt Paul.
„Sind denn noch genug da?“, fragt Papa.
„Genau drei“, sagt Mama. „Keiner muss teilen.“
Manchmal ist es doch ganz gut, keinen Zwilling zu haben, denkt Paul. Und als er die Pizzaverpackungen zum Altpapierkarton bringt, sieht er darin die zweite Karte mit dem Rollerjungen liegen. Fürs nächste Memoryspiel mit Papa, denkt er, und schiebt die Karte in seine Hosentasche.

Zirkus

„Toll!“, staunt Paul, als die Tiger in die Manege laufen. Der Zirkus Zepter ist gerade zu Gast in der Stadt und Papa hat Paul am Morgen mit zwei Karten überrascht. Paul rückt ein bisschen näher an Papa heran. Gebannt folgen sie der Tigernummer. Als Nächstes kommen die Trapezkünstler. Paul ist begeistert. Auch die Elefanten sind wirklich gut. Sie stellen sich auf die Hinterbeine und heben den Dompteur mit ihrem Rüssel hoch in die Luft. Dann legt sich der Dompteur auf den Boden und die Elefanten steigen vorsichtig über ihn hinüber.

„Da hätte ich aber Angst“, sagt Paul und klammert sich an Papa fest.

„Die sind eben gut dressiert“, sagt Papa. „Sie machen alles, was der Dompteur ihnen sagt. Da könntest du dir mal eine Scheibe von abschneiden.“

„Wieso eine Scheibe abschneiden? Vom Dompteur?“, fragt Paul verwirrt.

„Nein, das sagt man nur so“, sagt Papa. Als sein Nachbar ihn etwas genervt anschaut, redet er im Flüsterton weiter. „Wenn man sich bei jemandem etwas abgucken kann.“

Paul sieht ihn immer noch fragend an.

„Na, weil sie auf das hören, was der Dompteur will. Das kann man von dir nicht immer behaupten", erklärt Papa weiter.

Nach der Elefantennummer kommt noch die Seiltänzerin und dann erscheinen alle Tiere und Künstler gemeinsam in der Manege. Das Publikum applaudiert begeistert. Auch Paul klatscht minutenlang.

„Puh, jetzt aber raus hier“, stöhnt Papa, als sie sich durchs Gedränge Richtung Ausgang schieben.
„Komm, wir gehen hier hinter dem Zelt entlang, dann kommen wir direkt zur Bushaltestelle“, sagt er.
Am Hinterausgang des Zeltes stehen einige Zirkusleute zusammen. Papa grüßt sie freundlich, als sie vorbeigehen.
„Und, hat es dir gefallen?“, fragt eine Seiltänzerin und schaut Paul an.
„Ja“, sagt dieser leise und Papa springt ihm bei: „Oh ja, es hat uns sehr, sehr gut gefallen“, sagt er und lächelt. „Wo geht's denn mit dem Zirkus als Nächstes hin?“
Paul zieht Papa an der Hand und sagt: „Papa, wir müssen zum Bus!“
Doch Papa unterhält sich angeregt mit den Zirkusleuten. „Papa!“, wiederholt Paul mehrmals.
Endlich kann er Papa wegziehen. „Es war wirklich ganz wunderbar!“, sagt dieser noch im Gehen. „Auf Wiedersehen!“
Da sehen sie, wie der Bus näher kommt und an der Bushaltestelle anhält.
„Hoffentlich schaffen wir das noch!“, sagt Papa und fängt an zu rennen.
„Nicht so schnell“, ruft Paul.

„Mist, jetzt haben wir ihn verpasst!“, sagt Papa und bleibt abrupt stehen.
„Du könntest dir auch mal eine Scheibe abschneiden“, sagt Paul und hockt sich hin.
„Von wem?“, fragt Papa keuchend.
„Na, von den Elefanten. Du hörst ja auch nicht, wenn ich dir etwas sage.“

Aufräumen

„Ich find's schön, dass wir zusammenwohnen, aber wenn ich groß bin, will ich euch nicht mehr dauernd sehen", sagt Paul und nimmt den roten Stift.
Papa schluckt und der Reifen, den er gerade an das Feuerwehrauto malt, hat plötzlich einen Platten.
„Wieso das denn?", fragt er.
„Weil ich dann mit meinen Freunden Bruno und Max in einer WG wohne. So wie Onkel Joni. Ihr freut euch doch auch nicht immer, wenn Oma und Opa zu Besuch kommen."
„Stimmt", sagt Papa,
„die kommen ja morgen.
Wir müssen noch
aufräumen."

Paul stöhnt. „Aber erst malen wir das Feuerwehrauto fertig. Und das Feuer!“

„Tatütata“, ruft Paul noch immer, als er widerwillig seine Spielsachen in die großen Holzkisten räumt.

Paul hasst aufräumen. Das müssen sie im Kindergarten schon dauernd machen. Aber im Gegensatz zu Papa freut Paul sich darauf, dass Oma und Opa zu Besuch kommen. Sie bringen ihm immer etwas mit und spielen stundenlang mit ihm, ohne dass sie nebenbei noch mal schnell ihre E-Mails lesen oder aufpassen müssen, dass das Nudelwasser nicht überkocht.

Plötzlich entdeckt Paul in einer der Holzkisten ganz unten das uralte Polizeiauto von Papa.

„Guck mal, das ist doch noch von dir, oder?“, sagt er zu Papa.

„Oh ja, das hat Opa mir mitgebracht, als er von seiner Amerikareise zurückkam. Ich weiß es noch genau."
Papa setzt sich neben Paul auf den Boden und klappt die Türen des Polizeiautos auf.
„Weißt du, Opa war früher oft weg. Immer musste er arbeiten. Und wenn er dann von seinen Reisen zurückkam, gab's zwar immer ein Geschenk, aber Zeit für mich hatte er trotzdem nicht."
Plötzlich sieht Papa ganz traurig aus. Paul legt Papa die Hand auf die Schulter. „Ich glaub, hier hat es grad einen großen Unfall gegeben. Auf zum Polizeieinsatz!"
Es rummst laut, als Paul die Kiste mit den Autos ausleert. Es wird eine richtige Massenkarambolage und sie brauchen vier Polizeiautos, drei Krankenwagen und sogar einen Rettungshubschrauber, um die Verletzten zu bergen.
„Wie sieht's denn hier aus?", unterbricht sie plötzlich eine Stimme.
Mama steht im Türrahmen und sieht gar nicht erfreut aus. „Ich dachte, ihr wolltet aufräumen!"
„Jaaaa", sagt Papa.
„Wir haben auch schon angefangen, aber dann kam etwas dazwischen", springt Paul ihm bei.

„Okay, ich mach das Abendessen, und wenn es in einer halben Stunde fertig ist, sieht es hier tiptop aus“, sagt Mama und verschwindet.

„Puh!“, sagt Papa und rollt mit den Augen.

Paul und Papa denken sich ein Aufräumspiel aus und so sind sie sogar schneller fertig als Mama mit dem Abendessen.

„Weißt du was, jetzt freue ich mich auch auf den Besuch von Oma und Opa. Eigentlich ist es doch schön, dass Opa jetzt endlich Zeit hat“, sagt Papa zu Paul, als sie sich die Hände waschen.

„Und ich find es gar nicht schlimm, wenn ihr mich später doch öfter in der WG besucht“, sagt Paul und lässt die Seife durch die Hände in Richtung Papa flutschen. „Denn noch lieber als mit Opa spiel ich eigentlich mit dir. Und beim Aufräumen darfst du mir dann auch helfen.“

Papa fängt die Seife und grinst.

Brasilikum

„Bäh, das mag ich nicht“, sagt Paul. Sie sitzen auf ihrem Lieblingsplatz in der Pizzeria und Paul pult grüne Blätter von seiner Pizza Margherita.
„Das ist Basilikum und das hat dir letztes Jahr, als wir in Italien waren, sehr gut geschmeckt“, sagt Papa und beißt in seine Thunfischpizza. „Eigentlich könnten wir doch dieses Jahr wieder nach Italien fahren“, schlägt er vor.
Paul verzieht das Gesicht. „Italien ist doof. Ich will ganz weit weg, nach Afrika oder Amerika! Oder nach Brasilikum, wo die Fußball-Weltmeisterschaft war.“
„Brasilien, meinst du? Das ist viel zu weit. Der Flug dauert über zwölf Stunden!“, sagt Papa und kramt seinen Kalender aus dem Rucksack. Ganz hinten ist eine Weltkarte drin und er zeigt Paul, wo Brasilien liegt. „Da ist es außerdem ganz schön gefährlich. In den Städten wird man oft ausgeraubt und im Dschungel gibt es wilde Tiere.“
„In Italien ist dir letztes Jahr doch auch das Portemonnaie geklaut worden“, entgegnet Paul. „Und die Fahrt mit dem Auto hat ewig gedauert.“

„Stimmt, aber in Italien ist das Wetter meistens gut und das Essen ist auch lecker. Los, iss mal deine Pizza weiter, bevor sie ganz kalt ist“, sagt er zu Paul.

Paul nimmt einen großen Bissen. „Aber Pizza und Nudeln essen wir doch auch hier andauernd“, sagt er mit vollem Mund.

„Da hast du recht. Aber irgendwie schmeckt es da noch mal anders. Besonders das Basilikum“, schwärmt Papa und schnappt sich ein Blatt von Pauls Tellerrand. „Aber dabei fällt mir ein: Mama und ich wollten schon immer mal ins Baltikum.“ Papa schlägt die Weltkarte wieder auf und zeigt Paul, wo das Baltikum ist.

„Ist es da nicht langweilig?“, fragt Paul.

„Nein, überhaupt nicht“, sagt Papa und winkt dem Kellner, um zu zahlen.

„Da gibt es tolle Strände und auch wilde Tiere, Elche zum Beispiel.“

„Echt?“, sagt Paul begeistert. „Wie niedlich!“
„Die können auch ganz schön gefährlich sein. Aber nur, wenn sie sich angegriffen fühlen. Und da wir keine Jäger sind, haben sie von uns ja nichts zu befürchten“, sagt Papa.
Der Kellner erscheint am Tisch und Papa zückt das Portemonnaie. „Grazie“, sagt der Kellner und bedankt sich für das Trinkgeld. „Äh, Sie haben da noch was zwischen den Zähnen.“
„Brasilikum?“, fragt Paul und muss grinsen.
„Si“, sagt der Kellner. „Ich persönlich mag dieses Grünzeug ja nicht besonders, aber in meiner Heimat sind sie ganz verrückt danach. Da ist mir das hier schon lieber.“ Er hält Paul eine italienische Schokolade hin und zwinkert ihm zu.
„Also: Italien oder Baltikum?“, fragt Papa, als sie nach Hause gehen.
„Italien“, sagt Paul. „Da sind die Leute so nett.“

Geschichten erzählen

„Papa, erzähl von früher, als du klein warst“, sagt Paul und zupft ihn am Karohemd.
„Schon wieder?“, fragt Papa und grübelt. „Mal gucken, ob mir was einfällt.“
Paul schaut ihn erwartungsvoll an.
„Ah ja“, sagt Papa. „Als ich ein bisschen älter war als du, hatte ich eine Bande, die Gummistiefelbande. Mit Peter und Martin zusammen. Drei andere aus dem Dorf waren die Turnschuhbande. Wir haben im Wald Buden gebaut, uns versteckt und den anderen aufgelauert. Dann haben wir die Buden der Turnschuhbande zerstört und Stolperfallen gebaut. Das war lustig, aber manchmal auch ganz schön gefährlich.“
„Wir können doch zu deiner Geschichte noch Bilder malen und ein richtiges Buch machen!“, schlägt Paul vor und schnappt sich Stifte und Papier. „Hilfst du mir, die Buden im Wald zu malen?“
Papa nimmt einen Stift. „Du malst die Bäume und ich die Buden.“
Paul schiebt die Zunge heraus, weil er sich so doll konzentriert beim Malen.

„Und jetzt noch euch, mit den Gummistiefeln", sagt Paul und schiebt Papa das Blatt hin.
Sie schreiben einen kurzen Text darunter und machen sich dann an das nächste Bild, auf dem die Turnschuhbande zu sehen ist.

„Bücher zu schreiben, macht Spaß", sagt Paul, als sie mit der Geschichte fertig sind.
„Dann kannst du ja später Schriftsteller werden", sagt Papa. „So heißen die Leute, die Bücher schreiben."
Paul grinst. „Cool. Ich weiß auch schon, wie mein erstes richtiges Buch heißt: ‚Johnny fällt die Treppe runter'."
„Und, was passiert in der Geschichte?", fragt Papa.

„Na, Johnny fällt die Treppe runter. Du kannst ja die Bilder malen. Später gibt es dann auch einen Film und die Musik dazu“, sagt Paul und schnappt sich seine Kindergitarre. „Die klingt so: Joh-nny fällt die Trep-pe run-ter!“

„Wow, nicht schlecht“, sagt Papa. „Aber wenn du mit dem Namen der Geschichte schon alles verrätst, dann ist es doch nicht mehr spannend.“

Paul hört auf, Gitarre zu spielen. „Na ja, es kommt doch darauf an, wie er die Treppe runterfällt. Und ob er sich wehtut und warum überhaupt. Das ist doch das Spannende.“

„Okay“, sagt Papa. „Das musst du wissen. Du bist schließlich der Schriftsteller. Ich mal nur die Bilder dazu.“

Verreisen

„Paul, zieh jetzt bitte deine Schuhe an!“, ruft Papa ungeduldig. „Sonst verpassen wir den Zug und können Onkel Joni nicht besuchen.“
Paul kommt mit seiner Klapperschlange aus dem Zimmer. „Die muss auch noch mit“, sagt er.
Papa zieht Paul die Schuhe an und streift ihm die Jacke über. „Dann pack die Schlange schnell ein. Wenn sie überhaupt noch in deinen Rucksack passt.“
Er schnappt sich die große Reisetasche und setzt Paul seinen Rucksack auf den Rücken. „Los jetzt.“
Sie nehmen die Straßenbahn und fahren zum Bahnhof. Dort kaufen sie belegte Brötchen und eine Zeitschrift für Papa.
Auf dem Bahnsteig müssen sie noch zehn Minuten warten, dann fährt der Zug ein.
„Wir sitzen im Großraum“, sagt Papa. „Wagen acht.“
Sie suchen die reservierten Plätze und verstauen ihr Gepäck.
„Ich habe jetzt schon Hunger“, sagt Papa und holt die Brötchentüte heraus. „Du auch?“ Paul nickt.
„Reisen macht hungrig“, sagt Papa.

Nach dem Essen malt Paul in seinem Malbuch und Papa liest. Die Landschaft draußen wird immer hügeliger. „Blöder Zug“, mault Paul. „Der wackelt so doll, dauernd fallen meine Stifte runter.“
Papa schaut von seiner Zeitschrift auf. „Stimmt, das ist echt ein Wackelzug. Dabei fällt mir eine Geschichte ein: Ich habe mal gelesen, dass zwei Männer in einem ICE eine große Tonne mit handgroßen Krabben dabeihatten. Als der Zug gewackelt hat, ist die Tonne umgekippt, der Deckel ist von der Tonne gerutscht und Hunderte Krabben liefen durch den Zug.“
Mit der Hand macht Papa eine Krabbe nach.

Paul kreischt. „Es gab wildes Geschrei und Durcheinander und der Zug musste im nächsten Bahnhof anhalten", erzählt Papa weiter. „Die Polizei hat dann die Tiere wieder eingesammelt."
„Cool", sagt Paul. „Das war bestimmt spannend!"
„Bestimmt", sagt Papa. „Aber der Zug hatte dadurch total viel Verspätung und die Leute waren sauer."
Plötzlich kreischt jemand hinter ihnen laut auf. Papa dreht sich um und schaut über die Lehne nach hinten. Dort sitzt eine ältere Dame, die verängstigt auf den Boden guckt.
„Kann ich Ihnen helfen?", sagt Papa besorgt.
„Da ist eine Schlange!", ruft die Frau.
Paul und Papa schauen sich an und müssen lachen.

„Das ist doch keine echte Schlange", sagt Papa. „Heb sie mal auf, Paul."
Paul steht auf und nimmt die Schlange. „Entschuldigung", sagt er. „Die ist aus meinem Rucksack gerutscht."

„Ich muss mich entschuldigen“, sagt die Frau. „Ich habe meine Brille nicht auf und sie sah so echt aus.“

„Zum Glück haben Sie nicht gleich die Polizei gerufen“, sagt Paul. „Dann würden sie den Zug anhalten und wir hätten Verspätung.“

Den Rest der Fahrt hält Paul die Schlange ganz fest in der Hand. „Was wollten die Männer eigentlich mit den Krabben?“, fällt ihm plötzlich ein.

„Die waren für ein chinesisches Restaurant bestimmt. Zum Essen“, sagt Papa und macht mit seiner Hand wieder eine Krabbe nach.

„Iiieh“, ruft Paul.

„Dann doch lieber Käsebrötchen“, sagt Papa. „Willst du noch eins?“

„Au ja“, sagt Paul. „Reisen macht wirklich hungrig.“

Tag der offenen Tür

„Bald ist wieder Tag der offenen Tür bei der Feuerwehr“, sagt Papa zu Paul, als sie auf dem Balkon stehen und draußen lautes Tatü-tata hören.
„Da gehen wir hin!“
„Au ja“, ruft Paul begeistert.

„Was heißt eigentlich ‚Tag der offenen Tür‘?“ Er nimmt seine Wasserpistole, hält sie in den Eimer, der neben ihm steht, und spritzt vorsichtig die Blumen nass.
„Dass die Türen offen stehen und jeder kommen und gucken kann“, erklärt Papa.
„Pass auf, dass du die Leute unten nicht nassspritzt. Die wundern sich sonst, dass es plötzlich regnet.“
„Dann können wir doch auch mal einen Tag der offenen Tür machen“, sagt Paul.
„Wer soll denn da kommen? Und was sollen sich die Leute hier angucken?“, fragt Papa verwundert.

Paul hält seine Wasserpistole hoch: „Meine Spielsachen. Meine Pistole, meinen Feuerwehrhelm und so."
„Ich weiß nicht, ob das so interessant ist", sagt Papa. „Hier kommt ja auch keiner vorbei. Wir wohnen doch ganz oben. Und wildfremde Leute wollen wir sowieso nicht in der Wohnung haben."
Von unten ist ein Kreischen zu hören. Papa guckt Paul streng an: „Hast du jetzt doch über die Balkonbrüstung gespritzt?"
„Nur ein paar Tropfen. Wie ein kleiner Sommerregen."
„Das geht nicht, Paul. Wir sind hier nicht bei der Feuerwehr. Die machen das manchmal an ganz heißen Tagen. Dann spritzen sie die Straße nass und die Leute können sich abkühlen."
„Ist dann auch Tag der offenen Tür?", fragt Paul.
„Nein, eher Tag der offenen Leitung", sagt Papa. „Wenn du weiter mit Wasser spritzen willst, müssen wir ins Freibad. Die haben aber nur noch zwei Stunden offen, wir müssen uns also beeilen."
„Au ja!", ruft Paul. „Ist danach Tag der geschlossenen Tür?"
Papa packt die Badesachen zusammen. „Na ja, eher Nacht der geschlossenen Tür. Und jetzt komm, bevor die Tür wirklich zu ist."

Eis essen

„Ich will ein Eis“, ruft Paul, als Papa und er auf dem Rückweg vom Einkaufen an der Eisdiele vorbeikommen.
„Oh nein“, stöhnt Papa. „Ich bin zu voll gepackt. Ich will da jetzt nicht rein.“
„Ach, bitte“, bettelt Paul.
„Okay, du kannst eine Kugel haben“, sagt Papa.
Er stellt die Einkaufstüten ab und zieht das Portemonnaie aus der Hosentasche. „Aber du musst sie dir selbst kaufen. Hier ist ein Euro.“
Paul zögert kurz, dann nimmt er das Geldstück aus Papas Hand und stapft in den Laden. Papa beobachtet von draußen, wie Paul sich an ein paar anderen Leuten vorbeischiebt und auf den kleinen Hocker vor dem Tresen steigt. Paul redet mit dem Eisverkäufer, etwas länger als nötig, bekommt sein Eis, zahlt und geht stolz zu Papa zurück nach draußen.
„Das nächste Mal musst du dich aber hinten anstellen“, sagt Papa. „Du magst es doch auch nicht, wenn sich andere vordrängeln, oder?“
„Die wussten noch gar nicht, was sie wollten“, redet sich Paul heraus und schleckt sein Eis.

„Und, was hast du genommen?“, fragt Papa. Paul hält ihm das Eis hin. Papa probiert. „Was ist das denn?“

„Banille“, sagt Paul.

„Banille?“, wiederholt Papa. „Das hab ich ja noch nie gehört.“

Paul isst sein Eis weiter. „Banille eben. Eine Mischung aus Banane und Vanille."
Papa staunt. „Und das gab es dort?"
„Nein", sagt Paul. „Ich habe es dem Eisverkäufer kurz erklärt und dann hat er mir eine Spezialkugel gemacht. Halb Vanille, halb Banane."
„Wow, ich glaube, ab jetzt solltest du immer das Eis kaufen", sagt Papa. „Ich nehme das nächste Mal Erdurt."
„Was soll das denn sein?", fragt Paul und knabbert an der Waffel.
„Eine Mischung aus Erdbeer und Joghurt, meinen beiden Lieblingssorten", sagt Papa. „Und jetzt schnell nach Hause. Wir müssen noch das Essen machen. Heute Abend gibt's Bralat."
„Bralat?", fragt Paul und geht einen Schritt schneller.
„Brot und Salat – was dagegen?", sagt Papa.

Elefantentrost

„Und was machen wir jetzt noch?", fragt Papa, als er Paul vom Kindergarten abholt.
„Wir gehen auf Safari", ruft Paul aufgeregt.
„Na dann steuern wir wohl am besten den Park an", sagt Papa und hält Paul die Schuhe hin.
Paul und Papa streifen durchs dichte Gebüsch. „Da ist ein Elefant", ruft Paul und schnappt sich einen Stock. „Das ist mein Gewehr!"
„Aber Paul", sagt Papa erschrocken. „Elefanten sind doch schöne und schlaue Tiere, die wollen wir nicht erschießen!"
„Doch", ruft Paul. „Sei mal leise, sonst ist der Elefant weg."
Paul hechtet durchs Gebüsch. Er springt über einen Stein, drückt sich an einem Strauch vorbei, und dann sieht Papa ihn gar nicht mehr.
„Auuuuuuu!", hört Papa dann plötzlich und es folgt ein Riesengebrüll. Schnell rennt er Paul hinterher. Der liegt weinend auf dem Boden und hält sich den Kopf. Dicke Tränen kullern seine Wangen herunter. Papa nimmt ihn in den Arm.

„Was ist denn passiert?“, fragt er besorgt.
„Der Ast“, schluchzt Paul. „Ich hab mich an dem Ast gestoßen.“
Papa guckt sich die Stelle am Kopf an. „Ui, das wird eine dicke Beule“, sagt er. Papa streichelt Paul und pustet die Stelle am Kopf. „Wusstest du, dass Elefanten neben Schimpansen die einzigen Tiere sind, die sich gegenseitig trösten?“
„Echt?“, schnieft Paul.
„Ja“, sagt Papa und pustet wieder. „Wenn sich ein anderes Tier aus der Herde wehgetan hat, dann berühren sie es mit dem Rüssel oder stecken ihm sogar den Rüssel in den Mund, um es zu beruhigen.“
„Wie ein Schnuller bei Babys“, sagt Paul und muss lachen.
„Stimmt“, sagt Papa. „Oder wie ein Lolli.“

Paul richtet sich auf. „Papa, darf ich einen Lolli haben?"
„Hmm", macht Papa und überlegt. „Na gut, einen Tröst-Lolli, weil du für einen Schnuller schon zu groß bist. Aber nur, wenn du mir versprichst, keine Tiere mehr mit dem Gewehr zu jagen. Besonders keine Elefanten."
„Versprochen", sagt Paul und steht auf.
Papa hält ihm ein Taschentuch hin. „Hier, putz dir erst mal die Nase. Dann gehen wir zum Kiosk."
„Danke", sagt Paul und schnäuzt hinein.
Und dann macht er noch mal extra laut „Törö" – wie ein Elefant.

Schlechte Laune

„Ich hab schlechte Laune", sagt Paul und kickt mit dem Fuß seinen Eisbären weg.
„Ach Quatsch", sagt Papa und nimmt ihn in den Arm. „Heute Vormittag ist doch so schönes Wetter! Guck mal, wie die Sonne scheint."
„Die Sonne blendet", mault Paul und hält sich die Hand vor die Augen. „Sie soll wieder untergehen."
„Aber dann hätten wir ja nichts von diesem schönen Tag. Dann wäre schon Abend und du könntest nicht mit deinen Freunden im Kindergarten spielen." Papa nimmt den Eisbär und drückt ihn Paul in die Hand.
„Du kannst ja auch deinen Eisbär mitnehmen."
„Nö, der ist blöd", sagt Paul und wirft den Eisbär wieder weg.

Plötzlich stöhnt Papa und sagt: „Ach, du Sch..."
Paul guckt ihn fragend an.
„Mir fällt gerade ein, dass ich heute bei der Arbeit etwas erledigen muss, worauf ich überhaupt keine Lust habe. Du hast recht, es wäre wirklich besser, wenn es schon Abend wäre."
Paul läuft zum Eisbären und hebt ihn wieder auf.
„Willst du ihn dann vielleicht mitnehmen?"
„Nein, danke", sagt Papa. „Ich glaube, das würde etwas komisch aussehen."
„Hmm", überlegt Paul. „Dann machen wir heute Abend etwas Schönes. Etwas, worauf du dich freuen kannst."
„Ich weiß nicht", sagt Papa zögerlich.
„Wir können zusammen Pfannkuchen backen!", sagt Paul und tut so, als würde er mit einer Pfanne Pfannkuchen durch die Luft wirbeln.
„Wenn du meinst", sagt Papa und tut so, als ob ihm der Pfannkuchen auf den Kopf fallen würde.
Paul muss lachen und Papa grinst auch ein kleines bisschen.
„Siehst du, Papa, so schlimm ist es doch gar nicht", sagt Paul und zieht sich die Schuhe an.
Papa schnappt sich die Jacken von der Garderobe.

„Ja, stimmt. Komm, wir müssen uns beeilen."

Auf der Treppe nach unten fragt Papa: „Warum hattest du denn jetzt eigentlich schlechte Laune, Paul?"

Paul hüpft zwei Stufen auf einmal runter und dreht sich auf dem Absatz zu Papa um. „Ich, schlechte Laune? Ist doch ein super Tag heute!"

Schlappi Papi

„Hatschi“, macht Papa.

Paul hält ihm ein Taschentuch hin.

„Oh, mir brummt ganz schön der Kopf.“ Papa stöhnt und putzt sich die Nase. „Hoffentlich werde ich nicht krank. Wär doof, jetzt, wo Mama übers Wochenende weg ist.“

„Stimmt. Mama ist die beste Krankenschwester“, sagt Paul.

„Ja. Und ich muss mich ja auch um dich kümmern“, sagt Papa und legt ihm den Arm um die Schulter.

„Wieso? Ich bin doch schon groß“, entgegnet Paul und streckt sich.

„Wir machen heute einfach einen Sofa-Tag“, sagt Papa. „Mit ganz vielen Büchern.“

„Au ja!“, ruft Paul und holt seine Lieblingsbücher. Sie lesen eins nach dem anderen, bis Papas Stimme immer dünner wird.

„Papa?“, fragt Paul, als der plötzlich mitten im Satz abbricht.

„Chrrrrrrr“, kommt es aus Papas geöffnetem Mund.

„Armer schlappi Papi“, sagt Paul leise, nimmt ihm das Buch aus der Hand und deckt ihn zu.

Zum Glück weiß Paul schon, wie man eine DVD in den Spieler einlegt. Er stellt den Ton ganz leise und guckt fünf Folgen seiner Lieblingsserie.
Das darf er sonst nie.
Wenn Papas Schnarchen zu laut wird, versteht er manchmal nicht alles, aber das meiste kennt er eh schon auswendig.
Plötzlich klingelt das Telefon. Papa wacht auf und Paul drückt ganz schnell auf den Aus-Knopf und schnappt sich ein Buch.
„Hallo?", krächzt Papa ins Telefon. „Es ist Mama", sagt er zu Paul.
Die beiden telefonieren ein paar Minuten und Paul guckt sich das Buch an.
„Dann bis später", verabschiedet sich Papa. „Mama kommt heute Abend schon wieder. Ich soll dir einen dicken Kuss geben. Und was machen wir jetzt?", fragt er und fängt an zu husten. „Vorlesen kann ich dir nicht mehr. Da macht meine Stimme nicht mehr mit. Wir könnten ja eine DVD gucken."
„Au ja!", sagt Paul. „Und bis Mama kommt, bin ich deine Krankenschwester." Er deckt Papa wieder zu und bringt ihm etwas zu trinken.
Als sie später den Schlüssel in der Tür hören, drücken

sie ganz schnell auf den Aus-Knopf und schnappen sich ein Buch.
„Na, wie geht's meinen Männern?", fragt Mama, als sie den Kopf zur Tür reinsteckt.
Papa will antworten, doch er muss gleich wieder anfangen zu husten.
„Ab ins Bett", sagt Mama. Sie kocht ihm einen Tee und holt das Thermometer. „Kein Wunder, dass du schlapp bist, du hast ja richtig Fieber."
„Gute Nacht, schlappi Papi", sagt Paul, als er im Schlafzimmer das Nachtlicht ausmacht.
„Gute Nacht", krächzt Papa. „Ich habe es wirklich gut. Ich habe die beiden besten Krankenschwestern der Welt."

Unterwegs mit Paul & Papa

Auf dem Jahrmarkt

„Wow, ist das groß!“ Paul steht vor dem Riesenrad und schaut staunend nach oben.
„Wenn wir uns verlieren, treffen wir uns hier wieder“, sagt Papa. „Hast du zugehört, Paul?“
„Ja, ich hab's verstanden“, sagt Paul. „Fahren wir mit dem Riesenrad?“
Papa zögert kurz. „Wie wär's, wenn wir mit dem Kettenkarussell anfangen? Wenn du dann noch Lust hast, überlegen wir uns das mit dem Riesenrad.“
„Okay“, sagt Paul. „Und ich will unbedingt eine Zuckerwatte haben.“
„Zwei Karussells oder andere Fahrgeschäfte, eine Süßigkeit“, sagt Papa. „Was du nimmst, kannst du dir aussuchen.“
„Zuckerwatte. Kettenkarussell. Riesenrad“, bestimmt Paul und zieht Papa zu einem Stand.
Papa hält ihn zurück. „Willst du nicht erst mal gucken, was es sonst noch so gibt?“
„Nein“, sagt Paul und stellt sich am Süßigkeitenstand an.
Die Zuckerwatte ist größer als Pauls Kopf und herrlich süß und klebrig. Paul isst sie im Gehen und muss aufpassen,

dass er damit nicht gegen Schultern oder Ballons stößt. „Ich will auch einen Ballon", sagt er zu Papa.

„Dann gibt es aber nur ein Fahrgeschäft", antwortet Papa. „Hier links rum ist das Kettenkarussell."

„Das ist gemein", sagt Paul und überlegt. „Dann lieber zwei Fahrgeschäfte, oder wie die heißen."

Das Kettenkarussell ist eines für Kinder, sodass Paul alleine damit fährt. Als sich das Karussell zu drehen beginnt und er weiter und weiter nach außen schwingt, fängt er an zu lachen. Papa lacht auch und winkt. Immer, wenn Paul an Papa vorbeikommt, winkt er ihm zu. Paul zählt mit: Nach zehn Mal Winken hält das Kettenkarussell wieder an und Papa hebt ihn aus dem Sitz.

Bei den ersten Schritten ist Paul noch ganz wackelig auf den Beinen, aber dann kann er wieder gerade gehen. Sie kommen am Autoscooter und an der Geisterbahn vorbei und an drei verschiedenen Ballonverkäufern. Dann kehren sie wieder zum Riesenrad zurück.
„Bereit?“, fragt Papa.
„Klaro“, sagt Paul.
Sie kaufen eine Fahrkarte und warten, bis eine freie Gondel vor ihnen hält. Sie steigen ein und die Gondel dreht sich langsam nach oben.
„Toll!“, sagt Paul und strahlt. Er zeigt nach unten.
„Wie klein die Menschen jetzt sind!“
„Lehn dich nicht so weit raus!“, sagt Papa und umklammert den Haltegriff. Dann zeigt er auf einen Luftballon in Form eines Blaulichts, der langsam nach oben steigt.
„Guck mal! Den hat wohl ein Kind verloren!“
„Vielleicht können wir ihn fangen!“, ruft Paul.
„Nein“, sagt Papa entschieden. „Das ist viel zu gefährlich!“
„Manno!“, sagt Paul trotzig.
Papa hebt den Arm und zeigt in die andere Richtung.
„Schau mal, dahinten wohnen wir!“ Doch Paul schaut nur auf den Ballon, der knapp an ihrer Gondel vorbei weiter in den Himmel steigt.
Als das Riesenrad wieder hält und die beiden aussteigen,

fragt Papa: „Noch ein bisschen rumlaufen oder gleich nach Hause?"
„Nach Hause", sagt Paul maulig. Er guckt stur auf den Boden. Plötzlich sieht er neben weggeworfenen Losen und Bonbonpapier einen Geldschein auf dem Boden liegen und hält an.
„Komm, Paul", zieht Papa ihn weiter. Doch Paul bückt sich und hebt den Geldschein auf.
„Fünf Euro", sagt er strahlend. „Davon kaufe ich mir einen Ballon."
„Du Glückspilz", sagt Papa und hält nach dem nächsten Ballonverkäufer Ausschau.
„Wie teuer ist das Blaulicht?", fragt Paul, als sie vor einer Traube von Ballons stehen.
„Acht Euro", sagt der Verkäufer.
„Okay, okay", sagt Papa, als Paul ihn fragend ansieht.
„Wenn du mir sagst, wie viel noch fehlt, geb ich den Rest dazu."
Paul überlegt ganz stark. „Drei Euro", sagt er dann.
Der Verkäufer reicht ihm den Ballon und Paul hält ihn stolz fest. „Jetzt möchte ich doch noch eine Runde drehen", sagt er zu Papa. Und beim Gehen passt er ganz doll auf, dass sein Ballon an keiner Zuckerwatte kleben bleibt.

Mehr Meer

Mit einem „Wusch" schüttet Paul das Wasser in den Burggraben. „Mehr Meer!", ruft er laut und hält Papa den Eimer hin.
„Jetzt kannst du auch mal selber laufen", sagt Papa und lässt sich in den Sand plumpsen. „Ich brauch 'ne Pause."
Paul läuft zum Wasser, füllt seinen blauen Eimer und kommt zu Papa und der Sandburg zurück. „Los, Papa, wir müssen rasch den Burggraben vollmachen, damit die Ritter vor einem Angriff sicher sind."
„Wer sollte denn angreifen?", fragt Papa müde.
Paul zeigt auf Mama, die auf einem Handtuch in der Sonne liegt.
„Ich glaube, da haben wir nichts zu befürchten." Papa wischt sich den Schweiß von der Stirn. „Lass uns lieber mal ins Wasser gehen."
Papa pustet die Schwimmflügel auf. Hand in Hand laufen Paul und Papa ins Wasser, dass es nur so spritzt.
„Haiangriff!", ruft Papa und formt seine Hände zu einer Haifischflosse. Unter Wasser schwimmt er auf Paul zu, der kreischend davonpaddelt.
Zehn Angriffe später legen sie sich ins flache Wasser

und ruhen sich aus. Paul lässt den Sand durch die Finger gleiten und Papa schwärmt: „Ich liebe die Ostsee! Und diesmal haben wir auch so gutes Wetter!“
Mama läuft an ihnen vorbei. „Puh, ist das heiß“, sagt sie. „Ich brauche auch 'ne Abkühlung.“ Sie geht etwas tiefer ins Wasser, macht drei Schwimmzüge und lässt sich dann auf dem Rücken treiben.
Papa stupst Paul an. „Haiangriff?“, fragt er. Paul nickt und kichert.
Mama kreischt laut, als sich die beiden Haiflossen nähern.

Am Abend liegt Paul mit seinem Eisbär erschöpft im Bett der Ferienwohnung.
„Wie wär's, wenn wir morgen mal zur Abwechslung in den Tierpark gehen?", schlägt Mama vor und gibt Paul einen Gutenachtkuss.
„Nein", protestiert Paul. „Ich will an den Strand. Ich will mehr Meer!"
„Aber wir waren bisher jeden Tag am Strand", wendet Mama ein. „Ich hab auch mal Lust auf was anderes."
„Dann machen wir es doch einfach so: Ich lege mich morgen faul in die Sonne und du spielst mit Paul Ritterburg und Haiangriff!", macht Papa nun einen Gegenvorschlag.
„Einverstanden!", sagt Mama. Sie hält Paul die Hand hin. „Mehr Meer?"
Paul schlägt ein. „Mehr Meer!"

Computerauto

„So, das müsste das Auto sein“, sagt Papa und schaut sicherheitshalber noch mal auf sein Handy. „Ja, genau. So ein modernes Ding bin ich noch nie gefahren.“ Er hält eine Chipkarte an die Autotür und die öffnet sich klickend.

„Und wo sitze ich?“, fragt Paul und zeigt auf die Rückbank. „Da ist ja gar kein Kindersitz.“

Papa schaut sich um. „Irgendwo muss eine integrierte Sitzerhöhung sein. In den Sitz eingebaut also.“ Papa sucht und flucht ein bisschen, bis er die Sitzerhöhung schließlich findet. Paul klettert hinauf und lässt sich anschnallen. „Passt doch super, wie ein Großer“, sagt Papa, schließt die Tür und geht um das Auto herum zur Fahrertür.

Nachdem er sich gesetzt hat, murmelt er: „Wo kommt denn jetzt der Schlüssel rein und wo ist der Schlüssel überhaupt?“

„Vielleicht muss man nur auf einen Knopf drücken, wie beim Computer?“, schlägt Paul vor.

„Ich weiß schon, warum ich lieber Fahrrad fahre, aber das wäre zum Grillfest einfach zu weit gewesen“, sagt Papa und fährt sich durch die Haare. „Ah, du hast

recht, man muss tatsächlich einen Knopf drücken. Bei meinem Auto früher war das alles ganz anders."

Paul guckt neugierig auf den Bildschirm, der nun aufleuchtet. „Ich find so ein Computerauto spannend!"

Papa startet den Motor, parkt aus und fährt los.

„Mach mal Musik an", sagt Paul.

„Wenn ich wüsste, wie das geht", sagt Papa und hält an einer Ampel. Plötzlich ist es ganz still. Papa tippt auf dem Bildschirm herum, aber es kommt keine Musik.

„Mist, jetzt ist auch noch der Motor abgesoffen."

„Wieso denn abgesoffen?", fragt Paul. „Wir sind doch nicht unter Wasser."

„Das sagt man nur so, wenn man zu wenig Gas gibt und der Motor ausgeht." Die Ampel schaltet auf Grün und sofort beginnen die Autos hinter ihnen zu hupen. Papa wird nervös. „Ich weiß auch nicht, wie ich das

Ding wieder in Gang kriege. Er schaut auf den Bildschirm und drückt auf den Start-Knopf, aber nichts passiert.
„Du kannst ruhig Scheiße sagen, Papa", kommt es von der Rückbank. „Finde ich nicht schlimm."
„Oh, danke, gut zu wissen", sagt Papa und drückt mit den Füßen auf den Pedalen herum, bis der Motor plötzlich wieder anspringt.
„Jetzt ist es wieder rot!", ruft Paul schnell.
„Oh Mann", flucht Papa. „Man muss auf die Bremse drücken, damit man wieder starten kann. Wie soll man denn darauf kommen?"
„Ist doch bei uns auch so", sagt Paul. „Wir müssen uns auch hinlegen und schlafen, damit wir am nächsten Tag wieder fit sind. Energie tanken, sagt ihr doch immer."
„Stimmt auch irgendwie", murmelt Papa. „Der Tank ist zum Glück voll, sehe ich gerade." Die Ampel schaltet wieder auf Grün und Papa fährt los. „Aber wir haben die Grillwürstchen vergessen! Dann müssen wir vielleicht doch noch an einer Tankstelle halten."
Sie fahren auf einer breiten Straße aus der Stadt hinaus und Papa findet endlich heraus, wie das Radio funktioniert.

„Fährt sich wirklich gut, der Wagen“, sagt Papa und stimmt dann in die Musik aus dem Radio ein. Gut gelaunt halten sie an einer Tankstelle an und gehen in den Shop.
„Vegetarische Würstchen gibt's leider nicht“, sagt Papa. „Paul, wo bist du denn?“
„Hier!“, ruft Paul und schaut um die Ecke eines Regals. „Es gibt Marshmallows, die kann man doch auch grillen.“
Papa nimmt zwei Tüten aus dem Regal. „Okay, dann gibt's eben Marshmallows statt Würstchen. Heute ist alles ein bisschen anders.“
Als sie zurück zum Auto gehen, sucht Papa wieder nach dem Schlüssel.
„Es gibt doch gar keinen Schlüssel“, erinnert ihn Paul.
Papa fischt die Karte aus der Hosentasche. „Stimmt. Und keine Würstchen. Krieg ich ein Marshmallow?“

Der chinesische Drache

„Fährst du mal wieder nach China, Papa?", fragt Paul, als sie nach dem Kindergarten auf dem Spielplatz in der Hängematte liegen. Papa setzt sich auf und sieht Paul erstaunt an.
„Ja. Aber woher weißt du das? Das habe ich doch heute Mittag selbst erst erfahren."

Paul schweigt und blickt in den Himmel. Die Wolken haben schöne Formen. „Jetzt sag doch mal, Paul. Woher weißt du das?“, wiederholt Papa. Als Paul immer noch nichts sagt, zupft Papa ihn sanft am Ohrläppchen.
„Au!“, sagt Paul und lacht. „In der Mittagspause, wenn die anderen Kinder schlafen, mache ich manchmal Traumreisen. Und heute war ich bei dir im Büro.“
Papa steht der Mund offen. „Du machst was?“
Paul zeigt in den Himmel. „Guck mal, die Wolke sieht aus wie ein Drache.“
Papa schaut kurz nach oben. „Stimmt“, sagt er. „Aber jetzt lenk nicht ab. Was machst du, wenn die anderen Kinder schlafen?“
„Traumreisen“, antwortet Paul. „Ich reise dann irgendwohin.“
„Aha“, sagt Papa und ist völlig verdutzt.
„Bringst du mir einen Drachen aus China mit?“, fragt Paul. „So einen wie den Drachen da oben?“
„Mach ich“, sagt Papa. „Aber guck mal, jetzt sieht der Drache aus, als ob er sich schlafen gelegt hätte.“
„Stimmt“, sagt Paul. „Gibst du uns noch einen Schubs?“

Papa stößt sich mit dem Bein, das an der Seite raushängt, ab. Sie schwingen hin und her.
„Machst du dann auch eine Traumreise nach China, wenn ich da bin?“, fragt Papa.
„Ich glaube, das ist zu weit weg“, sagt Paul und schaut Papa von der Seite an. „Außerdem bin ich mittags auch manchmal müde und muss schlafen.“
„Verstehe“, sagt Papa. „Ich hab auch keine Lust, so weit wegzufahren. Ich würde viel lieber hier bei dir und Mama bleiben.“ Er seufzt. „Guck mal, jetzt ist der Drache ganz verschwunden.“
„Schade“, sagt Paul. Er zeigt in den Himmel. „Aber da ist ein Flugzeug, das fliegt bestimmt nach China.“

Regenwahrscheinlichkeit

Paul zieht sich die Schuhe an. „Fertig", sagt er und geht zur Tür.
„Warte", sagt Papa und verschwindet noch einmal im Wohnzimmer. „Ich will mal schauen, wie das Wetter wird."
„Wieso wollen Erwachsene denn immer wissen, wie das Wetter wird?", grummelt Paul.
„Weil Opa uns gleich mit seinem neuen Cabrio abholt. Deshalb!", ruft Papa aus dem Wohnzimmer. „Regenwahrscheinlichkeit fünfzig Prozent. Wir nehmen lieber unsere Mützen und Regenjacken mit", sagt Papa und erscheint wieder im Flur.
Paul schaut ihn fragend an. „Regenwas?"
Papa steckt die Regenjacken in seinen Rucksack und setzt Paul ein Käppi auf. „Regenwahrscheinlichkeit. Die Chancen stehen fünfzig-fünfzig, dass es regnet. Das heißt, es ist genauso wahrscheinlich, dass es regnet, wie, dass es nicht regnet."
„Verstehe ich nicht", sagt Paul. „Und wie stehen die Chancen, dass Opa gleich klingelt?"
Papa schaut auf die Uhr. „Gut. Es ist nämlich genau halb drei. Da wollte er kommen."

Paul macht die Tür auf. „Ich geh schon mal runter und warte da."
Als Paul unten im Treppenhaus ankommt und die Tür öffnet, parkt Opa gerade vor dem Haus ein. Das Cabrio ist rot und das Verdeck ist unten. Fröhlich winkt er Paul zu.
„Cooles Auto", sagt Paul staunend.
„Willst du schon einsteigen?", fragt Opa. Er öffnet die Beifahrertür und klappt den Sitz um, sodass Paul nach hinten auf die schmale Rückbank klettern kann. Auf der Sitzerhöhung gurtet Opa ihn fest.
„Papa kommt gleich. Er musste noch Regensachen einpacken. Er meint, dass es regnet."
„Wenn es regnet, machen wir das Verdeck zu, das geht auch beim Fahren. Sonst wird ja hier drin alles nass." Opa streicht über das Armaturenbrett und den Beifahrersitz. „Ah, da ist er ja."
Papa steigt ein und Opa und er begrüßen sich. „Wirklich schickes Auto", sagt Papa anerkennend. „Aber was machst du, wenn es regnet?"
„Es gibt doch ein Verdeck! Nur wenn man es ohne geschlossenem Verdeck abgestellt hat und es zu regnen anfängt, das ist ärgerlich." Er startet den Motor. „Auf geht unsere kleine Spritztour!"

Sie fahren durch die Straßen und es weht ein angenehmes Lüftchen. Paul findet es super, alles so gut sehen zu können. Als sie am Stadtrand in eine Landstraße biegen, muss Paul sein Käppi festhalten, damit es nicht wegfliegt. „Cool!", ruft er. Doch es ist so laut, dass Papa und Opa ihn vorne gar nicht hören. Paul nimmt die Mütze ab und stopft sie sich halb unter den Hintern. Jetzt wehen seine Haare im Wind. Er denkt an Papas Regenwahrscheinlichkeit und schaut nach oben in den Himmel. Eine dicke graue Wolke hängt genau über ihnen. Aber er hat noch keinen Tropfen abbekommen. Trotzdem tippt er Papa vorsichtshalber auf die Schulter und zeigt in den Himmel.

„Mach mal das Verdeck zu!", ruft Papa Opa zu.

Doch statt das Verdeck hochfahren zu lassen, fährt er rechts ran und hält.
„Ich dachte, dafür muss man nicht anhalten“, sagt Paul.
„Zieht mal eure Regensachen an“, sagt Opa. Paul und Papa schauen ihn fragend an. „Ich hab mal gelesen, dass man im Cabrio, wenn man 130 Stundenkilometer fährt, trotz Regen nicht nass wird. Das probieren wir jetzt aus!“
Papa guckt skeptisch. „Meinetwegen. Aber ich wette dagegen.“
„Okay, die Wette gilt“, sagt Opa. „Wir wetten um einen Eisbecher.“ Papa und Opa schlagen ein. „Und was wettest du, Paul?“
„Dass wir trocken bleiben“, sagt Paul und schlägt ebenfalls ein. „Hoffentlich regnet es jetzt auch.“
Alle drei ziehen sich Regenjacken an und setzen die Kapuzen auf. Opa fährt weiter, lenkt das Auto zur Autobahnauffahrt und beschleunigt.
Paul schaut wieder in den Himmel. Die Wolke sieht jetzt noch dunkler aus. Eigentlich müsste es doch jetzt regnen, denkt er.
An der übernächsten Ausfahrt fährt Opa ab und hält am Straßenrand. „Wette gewonnen!“, ruft er.

„Es hat doch gar nicht geregnet", wendet Paul ein. Opa zeigt auf die Windschutzscheibe, die ganz gesprenkelt ist. „Du hast drinnen nur nichts abbekommen. Durch die Geschwindigkeit fliegen die Regentropfen über den offenen Innenraum hinweg und wir bleiben trocken." Er zeigt auf seine Brille, auf der sich ein paar Tropfen sammeln. „Aber jetzt mach ich mal lieber das Verdeck hoch." Er drückt auf einen Knopf. Sirrend schließt sich das Dach über Pauls Kopf. „So, ich fahr jetzt schnell zurück in die Stadt zur nächsten Eisdiele."
„Okay", sagt Papa. „Ich hab die Wette wohl verloren. Aber mit dem Regen hatte ich recht. Das war nicht nur fünfzig Prozent, sondern hundert Prozent Regen."
„Zum Glück", sagt Paul. „Denn ich nehm hundertprozentig ein Spaghettieis!"

Musik im Kopf

„Paul, musst du mal aufs Klo?“, fragt Papa. „Du hibbelst so rum.“

„Nein, ich hab Musik im Kopf“, sagt Paul und bewegt sich hin und her. „Die von der Kinderdisko im Urlaub.“

Papa seufzt. „Ja, schade, dass der Urlaub schon wieder vorbei ist. Aber du hast doch die CD mit den Liedern.“

Paul springt auf. „Au ja! Wir machen eine eigene Disko!“ Er läuft in sein Zimmer und macht die Vorhänge zu. „Wir brauchen das bunte Nachtlicht, das ich früher hatte. Und dein Fahrradlicht.“

Papa sucht das Nachtlicht und Paul das Fahrradlicht. Das Nachtlicht stecken sie in die Steckdose und stellen es auf Rot. Das Fahrradlicht strahlt blinkend an die Decke. Dann machen sie die Musik an und beginnen zu tanzen. Paul macht die Bewegungen vor und Papa macht sie nach. Sie reißen die Arme hoch und gehen dann in die Hocke. Die Musik wird immer schneller und Papa kommt ins Schwitzen. Plötzlich hören sie lautes Gelächter.

Mama steht im Türrahmen. „Was macht ihr denn?“, fragt sie. „Sport?“

„So ähnlich“, sagt Papa und bleibt schnaufend stehen.

„Paul hatte Musik im Kopf. Die haben wir dann auf laut gestellt."

„Ich fühl mich gleich wieder wie im Urlaub", sagt Mama. „Darf ich mitmachen?"

„Na klar!", ruft Paul. Papa zieht sein Hemd aus und sie tanzen weiter. Mama macht ihre Bewegungen nach.

Plötzlich geht Paul zum CD-Spieler und schaltet die Musik aus.

„Was ist denn jetzt los?", fragt Papa und wischt sich den Schweiß von der Stirn.

„Jetzt muss ich wirklich aufs Klo", sagt Paul. Er tritt von einem Bein aufs andere.

„Dann geh schnell", sagt Papa und tanzt weiter.

„Warum tanzt du weiter?", fragt Paul.

„Ich hab jetzt auch Musik im Kopf", antwortet Papa.

Raumfahrer

„Was machen die da?“, fragt Paul und zeigt auf die Jugendlichen. Auf dem Weg zum Museum kommt er mit Papa an einer Schule vorbei, vor der ältere Mädchen und Jungen mit Bierflaschen stehen.
„Ich vermute, die haben gerade die Abiprüfungen hinter sich. Am Ende der Schulzeit machen viele das Abitur. Für die Tests und Prüfungen müssen die Jugendlichen ganz viel lernen und wenn sie fertig sind, feiern sie“, erklärt Papa. Seine Stimme wird immer lauter, da aus einem Lautsprecher Musik dröhnt.
„Und was machen sie dann nach der Schule?“, schreit Paul.
„Manche gehen gleich an die Uni und studieren, manche reisen aber auch erst einmal rum oder arbeiten, um Geld zu verdienen. Ich hab nach der Schule in einem Pflegeheim für alte Leute gearbeitet. Und Mama war in Paris und hat dort auf Kinder aufgepasst“, sagt Papa und steigt über eine Bierflasche.
„Wenn ich mit der Schule fertig bin, fliege ich zum Mond. Mit meinem Freund Bruno“, verkündet Paul. Sie biegen in eine Straße ein und die Musik wird endlich leiser.

„Das ist ein bisschen weiter als Paris. Und woher bekommt ihr die Rakete? Oder wie fliegt ihr zum Mond?“, fragt Papa nach.

„Die bauen wir uns selbst“, sagt Paul und hüpft auf dem rechten Bein. „Wir haben im Kindergarten schon Pläne gemalt.“
„Ihr fangt ja früh an!“, sagt Papa. „Aber umso besser. Eine Rakete zu bauen, ist gar nicht leicht. Vielleicht solltet ihr dann nach der Schule erst mal an die Uni und Raumfahrt studieren. Das kann man.“ Er schaut auf die Uhr. „Wir müssen uns beeilen, damit wir die S-Bahn noch bekommen.“
Paul hört auf zu hüpfen und lässt sich von Papa weiterziehen. Am Ende der Straße biegen sie noch einmal ab und sehen jetzt schon den S-Bahnhof.

Davor sitzen einige Leute mit Bierflaschen und prosten sich zu.

„Feiern die auch das Abitur?“, fragt Paul und zeigt auf die Leute.

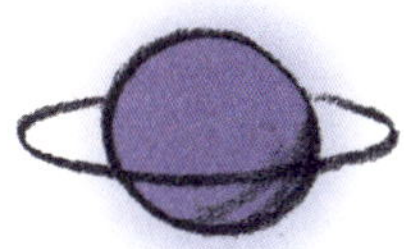

Papa lacht. „Nein, die sind schon etwas älter als die Schüler. Viele Leute trinken auch Bier, wenn es nichts zu feiern gibt. Wir müssen die Treppe runter.“

Papa nimmt Paul an die Hand und sie nehmen die Stufen hinunter zum Bahnsteig. „In zwei Minuten kommt die S-Bahn. Möchtest du einen Schluck trinken?“

Er kramt Pauls Trinkflasche aus seiner Tasche und reicht sie ihm.

„Habt ihr eigentlich schon einen Namen für eure Rakete?“

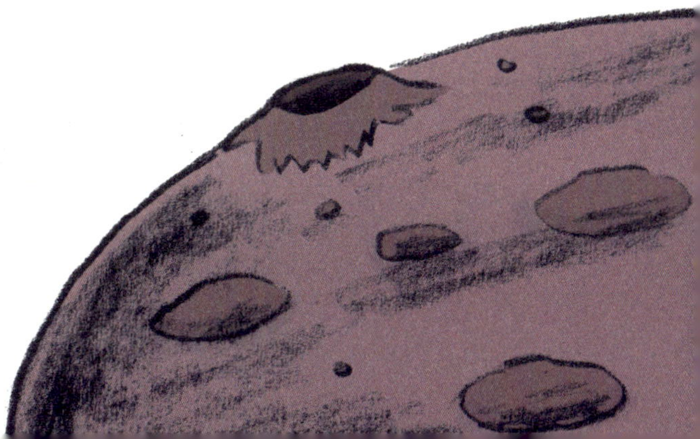

„Prost", sagt Paul und trinkt.
„Prost", sagt Papa.
„Nein", sagt Paul. „Die Rakete soll ‚Prost' heißen."
„Wieso denn das?", fragt Papa.
Die S-Bahn kommt. Paul steigt mit der Flasche in der Hand hinter Papa ein und sie suchen sich einen Platz.
Paul deutet auf seine Flasche. „Weil sie die Form von einer Flasche hat."
Jetzt holt Papa seine eigene Wasserflasche aus der Tasche und will trinken.
„Halt!", sagt Paul. Er zeigt auf ein Schild mit einer durchgestrichenen Flasche. „Hier darf man doch nicht trinken."
„Das gilt für Bier. Wasser trinken darf man."
Er hält Paul die Flasche hin und sie stoßen an.
„Dann Prost, auf eure Rakete!" Papa nimmt einen großen Schluck. „Was wollt ihr denn auf dem Mond eigentlich machen?"
„Feiern", sagt Paul. „Dass wir mit der Schule fertig sind."

Müllmann

„Du siehst ja aus wie ein Mönch“, sagt Papa, als Paul in die Küche kommt.

„Wie ein Mönch?“, fragt Paul und guckt an sich runter. „Ich bin ein Müllmann.“

Papa lacht. „Ach so, ein Müllmann. Buddhistische Mönche tragen Gewänder aus orangefarbenen Tüchern.“

„Ich hab in meinem Kleiderschrank nichts oranges gefunden“, erklärt Paul. „Da hab ich das Tuch von Mama genommen. Aber jetzt geh mal zur Seite. Ich muss an den Müll ran.“ Paul öffnet die Tür unter der Spüle und zieht den Müll heraus.

„Vorsicht!“, sagt Papa und nimmt ihm den Beutel ab. „Gute Idee, den Müll mal zu leeren. Der ist ganz schön voll.“

Er macht einen Knoten rein und reicht den Beutel Paul. „Du kannst ihn vor die Tür stellen."
Paul hebt den schweren Müllsack hoch. „Nee, ich bringe ihn gleich runter. Ich glaube, ich habe unten gerade ein Müllauto gehört."
„Dann musst du dir aber noch was überziehen", sagt Papa und holt Jacke und Schuhe.
„Die sind aber nicht orange", meckert Paul. „Wieso sind Müllmänner und Müllautos eigentlich orange?"
„Ich denke mal, damit man sie besser sieht. Orange ist eine Signalfarbe", erklärt Papa. „Die Schuhe ziehst du auf jeden Fall an, sonst siehst du wirklich aus wie ein Mönch. Müllmänner tragen sogar Sicherheitsschuhe mit Stahlkappen."
„Okay", sagt Paul und zieht sich die Schuhe an. „Jetzt aber schnell!"
Zusammen tragen sie den Müllbeutel nach unten. Paul öffnet die Haustür und blickt auf ein orangefarbenes Müllauto.
„Ah, da kommt noch Nachschub", sagt einer der Müllmänner, als er Paul mit dem Müllsack sieht. „Willst du den Beutel selbst in die Klappe werfen?"
„Darf ich?", fragt Paul.
„Klar", sagt der Müllmann. „Aber halt besser die Luft an.

Es stinkt ganz schön, wenn man es nicht gewohnt ist."
Der Müllmann zeigt Paul, wie die Klappe funktioniert und wo man die Mülltonnen einhängen kann. Paul schaut zu und holt dann japsend Luft.
„Wo kommt der Müll dann hin?", fragt er und hält sich gleich danach die Nase zu.
„Auf die Mülldeponie", sagt der Müllmann und lacht. „Da stinkt es noch viel mehr. Aber jetzt müssen wir weiter. Noch mehr Müll einsammeln."
Der Müllmann stellt sich hinten auf das Trittbrett und gibt dem Fahrer ein Zeichen. Dann fährt das Müllauto los. Paul schaut fasziniert zu.
„Und, möchtest du später Müllmann werden?", fragt Papa.
Paul lässt seine Nase los. „Ich glaube, der ganze Müll stinkt mir zu doll. Vielleicht werde ich lieber Mönch. Was machen die eigentlich?"
Papa schließt die Haustür auf und sie gehen wieder die Treppen hoch. „Die beten vor allen Dingen und sammeln Almosen, also Geld und Essen. Dabei müssen sie ganz ruhig sein."
„Das ist mir zu langweilig. Dann werde ich lieber Polizist. Mach schnell auf, ich brauche meine Polizeiuniform."

Der Popo von Gott

„Wie groß ist eigentlich der Popo von Gott?“, fragt Paul, als sie mit dem Fahrrad durch die Stadt fahren.
„Der Popo von Gott?“, fragt Papa nach.
„Ja. Gott muss doch riesengroß sein, wenn er auf die ganze Welt aufpasst. Dann muss sein Popo auch riesengroß sein“, sagt Paul.
Papa hält an einer Ampel und dreht sich zu Paul um, der hinten im Kindersitz sitzt. „Ob es Gott gibt, weiß man ja eh nicht. Und wie er aussieht, auch nicht. Manche glauben an ihn, manche nicht.“ Er zuckt mit den Schultern.
„In meinem Bilderbuch ist ein Bild drin. Da sitzt Gott auf einer ganz großen Wolke und guckt auf die Erde runter“, sagt Paul.

Die Ampel schaltet auf Grün und Papa fährt weiter. Er zeigt in den Himmel. „Guck mal, heute ist der Himmel ganz wolkenlos. Wo soll Gott denn da sitzen?"
„Er muss ja nicht immer hier bei uns sein", sagt Paul. „Die Welt ist doch groß."
„Das stimmt", sagt Papa und tritt kräftig in die Pedale, weil die Straße ein bisschen ansteigt. „Und es würde erklären, warum er manchmal nicht so gut aufpasst." Er stöhnt. „Puh, ganz schön anstrengend."
Sie biegen links ab, müssen noch an zwei Ampeln halten, dann sind sie da. Papa steigt ab und wischt sich den Schweiß von der Stirn. Er hebt Paul aus dem Kindersitz. Wieder stöhnt er. „Du wirst immer schwerer, Paul. Und dein Popo wird auch immer größer. Lange passt du nicht mehr in den Kindersitz. Wir müssen mal wieder Rad fahren üben."
„Okay", sagt Paul und nimmt seinen Helm ab. „Aber nur wenn's regnet."
„Wieso denn das?", fragt Papa nach. „Ist doch blöd, bei Regen zu üben."
„Aber dann sind große Wolken da", sagt Paul und läuft vor. „Dann hat Gott genug Platz und kann aufpassen, dass mir nichts passiert." Er dreht sich zu Papa um. „Kommst du?"

Besucherterrasse

Klick! Paul wirft Münzen in den Automaten am Flughafen. Er nimmt zwei Tickets aus dem Fach heraus und hält sie Papa hin.
„Na, dann los!“, sagt Papa und steckt die Tickets in die Hosentasche. „Hier geht's zur Besucherterrasse.“
Sie folgen den Schildern, bis sie zu einer Sicherheitskontrolle gelangen.
„Warum müssen wir denn da durch?“, fragt Paul. „Wir wollen doch nur gucken und nicht fliegen.“
Papa nimmt seinen Rucksack ab und legt ihn in eine Plastikschale. „Sie müssen kontrollieren, dass wir nichts Gefährliches dabeihaben, eine Bombe oder so.“ Die Schale stellt er auf ein Fließband.
Jetzt winkt ein Sicherheitsbeamter, dass sie durch das Tor gehen sollen. Paul und Papa gehen gleichzeitig los, doch dann ruft er: „Bitte einzeln durchtreten.“
„Warte hier“, sagte Papa und geht vor. Er tritt durch den Bogen und wird von dem Sicherheitsbeamten anschließend kurz abgetastet. Dann winkt der Mann Paul heran, während Papa seinen Rucksack vom Band nimmt.

Paul geht langsam durch das Tor. Es piept und der Sicherheitsbeamte ruft: „Halt!“
Paul bekommt Angst. Hat er etwas falsch gemacht?
„Noch einmal“, sagt der Sicherheitsbeamte.
Paul geht ein paar Schritte zurück und tritt dann noch einmal durch den Bogen. Wieder piept es.
„Hast du etwas in deinen Hosentaschen?“, fragt der Mann.
Paul zuckt mit den Schultern, dann greift er mit den Händen in die Taschen und zieht ein kleines gelbes Tankauto hervor.
„Ah!“, sagt der Mann. „Das ist aus Metall. Deshalb hat es gepiept. Aber ein Spielzeugauto ist ja nicht gefährlich, du kannst zu deinem Vater gehen.“
Paul läuft erleichtert zu seinem Papa und sie gehen eine Treppe zur Besucherterrasse hinauf.

Oben zeigen sie ihre Tickets vor, dann treten sie durch eine Tür. Draußen ist es windig und laut. Papa hebt Paul hoch, sodass er über die Brüstung schauen kann.
„Guck mal, da startet ein Flugzeug!“, ruft Paul aufgeregt. „Und das da wird betankt.“
Papa zeigt nach links. „Da ist gerade eins im Landeanflug. Das ist eine A380, das ist das größte Passagierflugzeug, das es zurzeit gibt.“
„Wow“, staunt Paul. „Das ist echt riesig.“
Papa und Paul beobachten, wie das Flugzeug auf dem Boden aufsetzt und bremst. Dann rollt es noch weiter über das Rollfeld, bis es schließlich anhält. Von allen Seiten kommen Fahrzeuge angefahren. Gepäckwagen, die die Koffer transportieren, Follow-me-Cars und ein Tankauto.
„Wie klein der Tankwagen neben dem Flugzeug aussieht.“ Paul holt sein Auto aus der Hosentasche. „Fast so klein wie mein Spielzeugauto.“
„Das stimmt“, sagt Papa. „Das Flugzeug ist aber auch wirklich groß. Siehst du die zwei Reihen von Fenstern? Die Passagiere sitzen in zwei Etagen übereinander im Flugzeug. Ungefähr 800 Leute passen da rein.“
Paul und Papa gucken noch eine ganze Weile, bis sie die Terrasse wieder verlassen. Sie gehen die Treppe

hinunter und folgen den Schildern zur Bushaltestelle. Als ihr Bus kommt, steigen auch viele andere Leute ein, sodass sie keinen Sitzplatz mehr bekommen.
„Ich will aber nicht stehen“, mault Paul.
„Da kann man jetzt nichts machen. Die ganzen Leute, die mit den Flugzeugen hier landen, müssen ja auch irgendwie in die Stadt kommen“, sagt Papa.
Paul schaut sich um. „Meinst du, die saßen alle gerade in dem großen Flugzeug?“
„Kann gut sein“, sagt Papa. „Ich höre Leute, die Englisch reden und Französisch. Und dahinten sprechen welche Spanisch.“
Der Bus kommt nur stockend voran. Überall um sie herum sind Taxis.
„So viele Taxis auf einmal habe ich noch nie gesehen“, sagt Paul. Plötzlich schiebt sich ein großes Fahrzeug vor die Fenster des Busses. „Ein Tankauto!“ Paul zeigt hinaus. „Das ist bestimmt der Tankwagen vom Flughafen. Ein Zaubertankwagen.“ Paul holt sein Spielzeugauto aus der Hosentasche und hält es vor die Scheibe. „Plötzlich ist er wieder riesengroß!“

Wiedersehensfreude

„Paul, hier!" Papa winkt heftig, als er Paul auf dem vollen Bahnsteig entdeckt. Paul entdeckt Papa ebenfalls, strahlt und will loslaufen. Doch Oma hält ihn an der Kapuze fest.

Papa rennt auf die beiden zu und schließt Paul in seine Arme. „Na, mein Großer, wie war's alleine bei Oma und Opa?"

„Toll! Nächstes Mal will ich vier Tage bleiben!"

„Es war super", sagt Oma und begrüßt Papa. „Ging alles ganz reibungslos."

Papa freut sich. „Echt? Dann machen wir das öfter. Paul, jetzt musst du dich aber von Oma verabschieden. Wir müssen schnell unseren Zug erwischen.

Und Oma muss auch wieder nach Hause zurückfahren."

Oma drückt Paul und gibt Papa die Reisetasche mit den Sachen. „Das mit der Übergabe in der Mitte war eine gute Idee. Euch noch eine gute Fahrt!"

Paul und Papa gehen auf die andere Seite des Gleises und steigen dort in den ICE. Kaum sind sie drinnen, schließen auch schon die Türen. „Das war knapp. Wieso hattet ihr eben eigentlich Verspätung?"

„Ich glaube, ein kaputter Güterzug stand auf den Gleisen", sagt Paul.
Sie gehen durch den Zug und suchen nach freien Plätzen, doch alles ist voll. Als sie zum Bordbistro kommen, beschließt Papa: „Wir bleiben einfach hier und bestellen uns eine Limo. Dann können wir auf unser Wiedersehen anstoßen."

„Au ja!“, ruft Paul begeistert und klettert auf einen freien Stuhl. Papa holt die Limoflaschen und sie stoßen an.
„Prost!“, sagt Papa. „Auf dich, mein Großer. Ich bin richtig stolz, dass du allein bei Oma warst.“
„Prost“, sagt Paul und nimmt einen Schluck. „Wieso? Opa war doch auch da.“
„Na ja, ohne deine Eltern.“ Papa nimmt jetzt auch einen Schluck. „Wie war's denn und was habt ihr gemacht?“
„Wir haben eine Vogelscheuche im Garten gebaut und ein richtiges Tipi, in dem wir dann auch gegessen haben“, erzählt Paul begeistert.
„Das klingt ja toll!“, sagt Papa. „Apropos essen: Mama hat dein Lieblingsessen gekocht und wartet schon ganz sehnsüchtig auf dich.“
„Super!“, freut sich Paul. „Wann sind wir denn da?“
Papa guckt auf sein Handy. „Eine Stunde dauert es noch. Du kannst mir ja noch ein bisschen vom Urlaub erzählen.“
Paul nimmt den letzten Schluck aus seiner Flasche. „Ich hab doch schon alles erzählt. Ich will was malen! Für Mama.“
Am Tresen holen sie sich Buntstifte und Papa findet noch Papier in seiner Tasche. Paul malt ein Tipi, Bäume mit Früchten dran und eine Frau.

„Ist das Mama?“, fragt Papa.
Paul lacht. „Nein, die Vogelscheuche.“
„So einen Hut hatte Mama aber früher manchmal auf“, verteidigt sich Papa.
„Oma hat für die Vogelscheuche alte Klamotten genommen, die sie wegschmeißen wollte. Hilfst du mir mit den Armen?“
Zusammen malen sie das Bild fertig. Dann kommen sie auch schon am Hauptbahnhof an. Mit der Tram fahren sie nach Hause und Paul rennt die fünf Stockwerke hoch, so schnell er kann.
Mama steht in der offenen Tür und nimmt Paul in die Arme.
„Ich hab dich vermisst, du warst ganz schön lange weg“, sagt sie.
Paul holt das Bild aus seinem Rucksack. „Hier, das habe ich für dich gemalt.“
Mama schaut sich das Bild an. „Toll, ist das bei Oma und Opa im Garten? Und ist das Oma?“
Paul und Papa schauen sich an und müssen lachen.
„Nein, das ist eine Vogelscheuche, die Paul mit Oma gebaut hat“, erklärt Papa. „Ist das Essen fertig?“
„Na klar“, sagt Mama und geht in die Küche. „Und im Wohnzimmer wartet eine Überraschung auf dich!“

Aufgeregt läuft Paul ins Wohnzimmer und entdeckt ein Tipi. „Toll!“, ruft er. „Dann weiß ich schon, wo wir essen!“
„Das ist doch viel zu klein!“, wendet Papa ein, während Paul im Zelt verschwindet.
Paul schaut aus der Luke heraus. „Das bei Oma war auch nicht größer und da haben wir auch zu dritt drin gegessen.“
Mama und Papa schauen sich an. „Na gut, aber nur heute, weil wir unser Wiedersehen feiern“, sagt Mama.
„Cool“, sagt Paul. „Wiedersehensfeiern sind spitze! Wann kann ich wieder zu Oma und Opa fahren?“

Kühlschrankauto

„Papa, guck mal, was ich gebaut habe." Paul hält Papa ein Auto aus Lego hin. „Die Tür ist vorne. Super, oder?"

„Klasse", sagt Papa. „Sieht aus wie ein Auto, das es früher wirklich gab. Die Isetta. Da konnte man vorne die Tür wie bei einem Kühlschrank aufklappen."

„Wie bei einem Kühlschrank, haha." Paul lacht. „War es da drin dann auch genauso kalt?"

„Im Winter schon", sagt Papa. „Die Isetta hatte nämlich keine Heizung. Aber auch keine Klimaanlage. Daher war's im Sommer sehr warm. Besonders in Italien, wo das Auto herkam."

„Mir ist auch warm", sagt Paul.

Papa steht auf und öffnet das Dachfenster. „Besser so?", fragt er.

„Etwas", sagt Paul. „Ein Eis würde helfen."

Papa blickt kurz auf. „Schau doch mal im Eisfach nach, ob noch was da ist."

Paul geht zum Kühlschrank und öffnet die Tür vom Eisfach. „Jepp", sagt er vor sich hin und schnappt sich die beiden Eis am Stil, die darin neben Spinat und Fischstäbchen liegen.

„Hier, Papa. Kannst du mir das Papier abmachen?" Paul reicht ihm beide Eis. Papa öffnet die Verpackung und gibt ihm ein Eis zurück.
Vergnügt lässt Paul sich auf den Teppich fallen.
„Mist", sagt er und zieht etwas unter seinem Po hervor. „Jetzt hab ich mich auf das Auto gesetzt." Mit einer Hand versucht er, die abgefallene Hinterachse wieder zu befestigen.
„Mach doch hinten nur ein Rad dran", schlägt Papa vor. „So war das bei der Isetta früher auch."
Paul gibt Papa sein Eis zum Halten und probiert es aus.
„Das sieht aber komisch aus. Nee, zwei Räder hinten sind besser."
„Das fanden die Deutschen auch. Ein deutscher Motorradhersteller hat den Italienern nämlich die Isetta abgekauft und sie mit vier Rädern gebaut. Das wurde dann das erfolgreichste Auto der 50er-Jahre. Meine Tante Elke hatte auch eine Isetta."
„Cool", sagt Paul und schleckt sein Eis weiter. „Bist du mal damit gefahren?"
„Ja, als ich so alt war wie du jetzt. Es gab nur eine Sitzbank, keine einzelnen Sitze wie heute. Ich saß in der Mitte zwischen Tante Elke und Oma, das hat Spaß gemacht."

Paul setzt zwei Legomännchen in sein Auto, eine Frau und einen Mann.

„Die Isetta hat man damals auch Knutschkugel genannt“, erzählt Papa weiter.

„Warum denn das?“, fragt Paul.

„Weil man auf der Sitzbank so gut knutschen konnte, glaube ich“, sagt Papa.

„Iiieh“, sagt Paul und nimmt die Legofrau wieder heraus. Stattdessen setzt er ein Taxischild oben aufs Dach. „Mein Kühlschrankauto ist ein Taxi.“

„Isetta-Taxis gab's damals nicht", sagt Papa und leckt den Eisstil ab. „Aber als Polizeiautos wurden sie benutzt."
Paul guckt erstaunt hoch. „Da passen doch gar keine Räuber rein!"
Papa lacht. „Räuber vielleicht nicht, aber als Streifenwagen war das Auto groß genug." Er setzt statt des Taxischilds ein Blaulicht aufs Dach. „Und jetzt hinterher. In meinem Auto sitzen nämlich die Räuber. Und sie sind verdammt schnell."
Paul legt seinen Eisstil beiseite und los geht die Verfolgung. „Tatütata, die Kühlschrank-Polizei ist da!"

Ganz oder gar nicht

Marlene aus Pauls Kindergarten düst mit ihrem Fahrrad an Paul und Papa vorbei. „Ätsch, ich bin schneller!“, ruft sie.
Paul sitzt hinten im Fahrradsitz und spornt Papa an. „Los, beeil dich, wir müssen sie einholen.“
Papa tritt in die Pedale. Als sie Marlene eingeholt haben, prahlt Paul: „Mein Fahrrad ist aber viel schneller als deins.“
„Dein Fahrrad steht im Keller und bewegt sich überhaupt nicht“, wendet Papa ein. „Du hast eine ganz schön große Klappe.“
„Wenn ich fahren würde, dann wäre ich aber schneller“, ist sich Paul sicher. „Mein Fahrrad ist nämlich ein Rennrad mit Turboantrieb.“
Sie halten an der Straßenecke und warten auf Marlenes Vater, der japsend hinterherhechtet. Er zwinkert Paul zu. „Na, ist es gemütlich da hinten?“
Paul rutscht ein bisschen hin und her. „Ja. Hier kann man gut trainieren.“
„Trainieren?“, fragt er nach. „Was denn trainieren?“

„Rad fahren“, erklärt Paul. „Ich schaue mir an, wie das geht. Und wenn ich dann selbst fahre, bin ich schneller als alle anderen.“

Papa schiebt nun das Rad und dreht sich zu Paul um. „Wie wär's, wenn du erst mal langsam fährst und dann nach und nach immer schneller?“

Marlene fällt vor ihnen mit dem Fahrrad um, steigt aber gleich wieder auf und fährt weiter.

Paul beobachtet sie. „Wenn man langsam fährt, fällt man so oft um. Ich fahr lieber schneller“, erklärt er den beiden Vätern. „Aber jetzt noch nicht.“

„Aha“, sagt Papa. „Ganz oder gar nicht. Und so lange darf ich dich kutschieren.“

„Weißt du, Papa“, meint Paul, „wir können uns viel besser unterhalten, wenn ich hier hinten sitze. Dir wird bestimmt langweilig, wenn ich selber fahre.“

Marlene fällt wieder mit dem Rad hin, steigt aber dieses Mal nicht gleich wieder auf. Ihr Vater sprintet zu ihr.

„Langweilig wird mir dann bestimmt nicht“, sagt Papa. „Wenn ich dir dauernd aufhelfen muss.“

„Musst du ja nicht“, sagt Paul. „Und jetzt Ruhe: Ich muss noch ein bisschen trainieren.“

Kreisverkehr

Paul nimmt die letzte gebogene Schiene und schließt den Kreis. Dann setzt er Lok und Waggons auf das Gleis und schaltet den Motor der Lok ein.
„Tuff, tuff, tuff, die Eisenbahn, wer will mit zur Oma fahren?", singt Paul und schaut dem Zug zu, wie er rundherum fährt. „Alleine fahren mag ich nicht, da nehm ich mir den Papa mit."
Papa blickt von der Zeitung auf. „Wenn wir immer im Kreis fahren, kommen wir ja nie bei Oma an."
„Doch. Wenn der Zug fünf Mal rumgefahren ist, sind wir bei Oma", sagt Paul.

„Hmm, das kann doch nicht funktionieren." Papa legt die Zeitung beiseite. „Wenn wir an der gleichen Stelle aussteigen, sind wir wieder zu Hause."

„Bei mir ist das aber anders", sagt Paul und hängt, als der Zug an ihm vorbeifährt, noch einen weiteren Waggon dran.

„Wir wollten doch immer mit der Ringbahn einmal im Kreis fahren", sagt Papa und steht auf. „Lass uns das doch jetzt machen! Dann siehst du auch, dass wir wieder zu Hause ankommen, wenn wir einmal rundherum gefahren sind."

„Au ja!", sagt Paul und springt auf. Der Zug fährt weiter.

„Mach die Lok noch aus, sonst sind die Batterien alle, wenn wir zurück sind."

Paul schaltet den Zug aus und zieht Schuhe und Jacke an. In fünf Minuten sind sie am S-Bahnhof. Kaum haben sie ein Ticket für Papa am Automaten gekauft, fährt auch schon die Ringbahn ein. Paul und Papa suchen sich einen leeren Viererplatz und setzen sich in Fahrtrichtung.

Nach ein paar Stationen sagt Paul: „Wir fahren doch geradeaus und nicht im Kreis!"

„Der Kreis ist so groß, dass du es nicht merkst", erklärt Papa und zeigt auf den Netzplan. „Komm, wir zählen

mal, wie viele Stationen es sind, bis wir einmal rum sind."
„Fünfundzwanzig, sechsundzwanzig", zählt Paul.
Ein Mann mit einem Hund setzt sich gegenüber von ihnen hin.
„Sechs haben wir schon, kommen also noch zwanzig", sagt Papa.
„Puh, das dauert ja noch ewig", stöhnt Paul.
„Genau eine Stunde", sagt der Mann gegenüber.
„Was?", fragt Paul nach.
„Einmal im Kreis dauert genau eine Stunde", erklärt der Mann. „Jetzt sind wir gleich bei der Schnauze."
Paul schaut vom Hund zu Papa und schließlich fragend den Mann an.
„Die Strecke ist nicht ganz kreisförmig, aber auch nicht so oval wie auf dem Plan dort. Die Gleise haben die Form eines Hundekopfs." Er holt sein Smartphone heraus, sucht einen Moment und zeigt Paul dann eine Karte.
„Stimmt!", sagt Paul, „das ist wirklich ein Hundekopf!"
Papa beugt sich neugierig vor. „Oh ja, das wusste ich auch nicht. Wo sind wir jetzt genau?"
Der Mann deutet auf einen Punkt an der unteren Seite der Schnauze. „Hier."
Die S-Bahn hält und der Hund fängt an zu bellen.

Der Mann beruhigt ihn und erzählt Paul und Papa, dass der S-Bahn-Ring lange Zeit nicht geschlossen war. Die Türen gehen wieder zu und der Zug fährt weiter. Plötzlich schaut der Mann auf und sieht aus dem Fenster.
„Auweia, jetzt habe ich meine Station verpasst. Deswegen hat Charly gebellt."
„Sie können doch einfach einmal im Kreis fahren", schlägt Paul vor.
„Gute Idee", sagt der Mann und steht auf. „Aber ich steige lieber an der nächsten Station aus und fahre zurück. Sonst komme ich ja erst in einer Stunde an."
„Schade", sagt Papa. „Ihre Geschichten über die S-Bahn waren interessant."
„Gute Weiterfahrt noch!", sagt der Mann und steigt beim nächsten Halt mit seinem Hund aus.
Paul winkt. „Tschüss, Charly!", ruft er ihnen hinterher.
Die S-Bahn fährt weiter.
„Tuff, tuff, tuff, die Eisenbahn, wer will mit zur Oma fahren?", singt Paul. „Alleine fahren will ich nicht, da nehm ich mir den Charly mit."
„Das ist 'ne gute Idee", sagt Papa. „Denn wenn du auf Charly hörst, steigst du garantiert immer an der richtigen Station aus."

Auf leisen Sohlen

„Und jetzt noch die Kriegsbemalung und den Kopfschmuck, dann bist du fertig." Mama holt die Schminke und malt Paul Streifen ins Gesicht. Schließlich setzt sie ihm den Federschmuck auf den Kopf. „Perfekt. Wie willst du heißen?"
Paul guckt sich im Spiegel an, streicht sich über seine braune Hose und das Hemd, das aussieht wie aus Büffelleder, und strahlt. „Leise Sohle."
„Das ist gut!", sagt Papa. „Leise Krieger können sich gut anschleichen. Und jetzt los zum Kindergarten, sonst fängt die Faschingsfeier ohne dich an."
Papa streift ihm eine Jacke über und tauscht den Kopfschmuck gegen den Fahrradhelm. Im Eiltempo düsen sie die fünf Stockwerke nach unten und holen das Fahrrad aus dem Hof. Papa tritt kräftig in die Pedale, sodass die Fransen an Pauls Hose um seine Beine flattern.
Gegenüber vom Kindergarten hält Papa an und schließt das Fahrrad ab. Paul geht zwischen zwei parkenden Autos hindurch, bis Papa „Warte!" ruft.
„Du sollst doch nicht allein über die Straße laufen", schimpft er.

Gemeinsam gehen sie ein paar Schritte vor und wollen gerade auf die Straße treten, als ein Auto fast lautlos an ihnen vorbeifährt. Erschrocken weicht Papa zurück und zieht Paul mit sich.
„Oh Mann, das Auto war aber leise. Ich hab's gar nicht kommen gehört, du etwa?"

Paul schüttelt den Kopf und beide schauen dem Auto nach.
„Das war bestimmt ein Elektroauto“, sagt Papa.
„Ein was?“, fragt Paul nach.
„Ein Elektroauto“, erklärt Papa. „Die fahren mit Strom. Gerade in Städten ist das super, weil sie so wenig Lärm machen und kein Benzin brauchen. Das ist besser für die Umwelt. Aber man muss auch ganz schön aufpassen, weil man sie einfach nicht so gut hört.“
Sie schauen nach links und rechts und überqueren die Straße. „Jetzt siehst du, wie wichtig es ist, genau zu gucken“, sagt Papa.
Paul läuft vor zum Eingang des Kindergartens, stößt die Tür auf und rennt zur Garderobe seiner Gruppe. Als Papa dort erscheint, hat Paul bereits Jacke und Schuhe ausgezogen. Papa nimmt ihm den Fahrradhelm ab und holt den Kopfschmuck aus seiner Tasche. „Hier, Leise Sohle. Noch Pfeil und Bogen, fertig. Wie geht der Indianerkampfruf?“
Paul nimmt die Hand vor den Mund und macht ganz leise „Uhuhuhuh“.
„Geht das nicht lauter?“, fragt Papa.
„Ich bin doch ein leiser Krieger“, flüstert Paul und rennt zum Gruppenraum.

Es wird immer lauter. Paul schleicht sich an. Als er plötzlich vor seiner Erzieherin steht, schrickt diese zusammen. „Paul, ich hab dich gar nicht gesehen. Und auch nicht gehört!"
„Ich bin ja auch Leise Sohle", sagt Paul im Flüsterton und hält Pfeil und Bogen hoch.
„Aber auch nicht ganz ungefährlich, wie ich sehe", sagt die Erzieherin. „Kinder, nehmt euch in Acht vor Leise Sohle. Er schleicht sich an."
Papa erscheint in der Tür und winkt Paul zum Abschied zu. Hören kann er ihn eh nicht, so laut ist es.
„Tolles Kostüm", ruft die Erzieherin Papa über den Radau hinweg zu.
„Schade, dass wir heute nicht mehr Leise Sohlen hier haben."

Fundsachen

„Bücher sind doof", sagt Paul. „Weil sich da die Bilder nicht bewegen. Ich will einen Film sehen."
„Nicht schon wieder", sagt Papa. „Ich lese dir was vor oder wir gehen raus."
„Ich will aber Bilder, die sich bewegen", mault Paul.
„Dann mach doch deine Augen zu und stell dir was vor, während ich lese", sagt Papa und deutet auf das Buch auf seinen Knien.
„Das funktioniert nicht", meckert Paul weiter.
„Weißt du, dass das Buch früher mir gehört hat? Ich habe mal einen 20-Mark-Schein vor unserem Haus auf der Straße gefunden. Eigentlich muss man gefundene Sachen ja zum Fundbüro bringen, aber da zwanzig D-Mark nicht so viel waren, hat Oma gesagt, ich darf mir ein Buch davon kaufen. Und dann hab ich das hier genommen. Es ist über einen Jungen, der sich eine Rakete baut und damit zum Mond fliegt." Papa streicht über den Einband. „Ich habe es geliebt."
Paul setzt sich aufrecht hin. „Ich will doch lieber raus. Ich will auch Geld finden. Dein Buch können wir ja später lesen."

Die beiden ziehen sich an und gehen raus auf die Straße. Paul sucht den Boden ab. Er sieht Hundehaufen, eine Bananenschale und eine zerfledderte Zeitung, aber keinen Geldschein.
„Lass uns im Hof gucken“, schlägt Papa vor.
Im Hof finden sie zwar auch kein Geld, aber beim Papiercontainer entdeckt Paul einen riesigen länglichen Karton.
„Daraus bauen wir eine Rakete“, ruft er. „Und mit der fliege ich dann zum Mond. Wie der Junge aus deinem Buch!“
Sie schleppen den riesigen Karton zu zweit die Treppen hoch in den fünften Stock. Paul räumt schnell den Boden seines Zimmers frei, dann holen sie Schere und Klebeband und beginnen mit der Arbeit. Vorne entsteht eine Spitze und in der Mitte ein Sitz, der so groß ist, dass Paul darauf Platz hat. Mit bunten Stiften malt er Lichter auf die Rakete.
„Fertig!“, sagt Paul schließlich. Und Papa nickt anerkennend.
Paul holt seinen Fahrradhelm und setzt sich in die Rakete. Sie bereiten alles zum Start vor. Paul wackelt in der Rakete gefährlich hin und her und er muss sich gut festhalten.

„Ich sehe schon den Mond", ruft er und zeigt auf die runde Papierlampe, die an der Decke hängt. Als er auf dem Mond angekommen ist und die Rakete verlässt, ruft Papa: „Halt dich am Regal fest! Sonst fliegst du weg! Die Schwerkraft ist auf dem Mond nämlich kleiner."
Paul hangelt sich vom Regal zum Bett. „Das kann nicht sein. Ich fühle mich auf jeden Fall plötzlich ganz schwer." Er klettert in das Bett hinein und legt sich hin. „Und müde. Meinetwegen können wir jetzt dein Buch lesen."

Grüne Ente

„Zwick, grüne Ente!“, ruft Papa und kneift Paul in den Arm.

Paul sieht Papa böse an und reibt sich die schmerzende Stelle. „Aua, was soll das denn?“

Papa zeigt triumphierend auf ein komisches kleines grünes Auto. „Eine Ente! Und auch noch in grün! Hab ich ewig nicht mehr gesehen.“

„Häh?“, macht Paul.

Papa zieht Paul über die Straße Richtung Bäcker. „Das war ein bestimmter Citroën, von allen Ente genannt“, erklärt er. „Das Auto gab es früher ziemlich oft. Und wenn man als Erster eine grüne Ente gesehen hat, durfte man jemanden zwicken.“

Paul guckt immer noch böse. „Was ist das denn für eine blöde Regel?"
„Das haben alle gemacht. Man musste nur schnell sein. Du glaubst nicht, wie doll Peter, Martin und ich uns früher gekniffen haben. Wir hatten richtig blaue Flecken." Papa lacht.
Sie kommen beim Bäcker an und steigen die zwei Stufen hoch in den Laden.
„Zwei normale Brötchen und drei Vollkorn", bestellt Papa.
Der Bäcker packt die Brötchen in eine Tüte und reicht sie Papa über den Tresen.
„Und für dich noch was kleines Süßes", sagt der Bäcker zu Paul und greift mit der Zange in ein großes Glas.
Paul hält die Hand hin.
„Ein Frosch, danke!"
„Schade, dass es keine Ente ist", sagt er im Hinausgehen zu Papa und schiebt sich den Frosch in den Mund.
„Dann könnte ich dich jetzt kneifen."
„Wir können uns ja was Neues ausdenken, weil es kaum noch grüne Enten gibt", schlägt Papa vor.
„Zwick, blaues Cabrio", sagt Paul und zwickt Papa in den Arm. „Da!"
Papa reibt sich den Arm und guckt dem vorbeifahrenden

Cabrio hinterher. „Aber Cabrios sieht man ja nur im Sommer“, wendet er ein.

„Dann kann man auch besser kneifen“, sagt Paul. „In die nackten Arme.“

„Abgemacht. Zwick, blaues Cabrio“, sagt Papa. „Passt eigentlich auch viel besser zu den blauen Flecken.“

Kribbeln im Bauch

„Fünfte Reihe links", sagt die Stewardess. Sie gibt Papa und Paul die Karten mit den Sitzplatznummern wieder. „Viel Spaß auf der Insel. Und einen guten Flug."
„Hier ist es", sagt Papa und deutet auf zwei Sitzplätze. „Rutsch mal durch ans Fenster."
„Cool", sagt Paul, als er aus dem Fenster guckt. „Hier kann man alles sehen. Gerade werden die Koffer eingeladen!"
„Hoffentlich unsere auch. Schade, dass Mama nicht dabei ist. Aber sie kommt ja in zwei Tagen nach." Papa versucht, es sich auf dem engen Sitzplatz gemütlich zu machen.
„Wann fliegen wir los?", fragt Paul.
„Wenn alle eingestiegen sind, auf ihren Plätzen sitzen und das Gepäck verstaut ist", sagt Papa. „Bestimmt ist es gleich so weit."
„Wenn du gleich sagst, dauert es immer noch vierzig Minuten", mault Paul.
„Hoffentlich nicht", sagt Papa und nimmt eine Zeitschrift aus der Ablage vor sich. „Guck mal, so sieht es auf der Insel aus!"

Paul beugt sich zu Papa hinüber. „Cool, auf so einem Riesentrampolin mit Seilen will ich auch springen. Huiii!"
„Das ist ein Bungee-Trampolin. Bungee-Jumping an solchen Seilen, aber von einer Brücke hinunter, haben eine Zeitlang alle gemacht", sagt Papa. „Für mich ist das nichts, dafür habe ich zu große Höhenangst. Aber jetzt: pssst." Er deutet nach vorne, wo eine Stewardess die Sicherheitshinweise erklärt und zeigt, wie man eine Schwimmweste aufbläst.
„Wieso hast du dann im Flugzeug keine Angst?", flüstert Paul.
„Das ist was anderes", wispert Papa. „Ein Flugzeug ist so groß, da merkt man nicht, dass man so weit oben ist."
Die Stewardess ist fertig und geht nun durch den Mittelgang, um die Anschnallgurte zu kontrollieren. Dann setzt sich das Flugzeug in Bewegung. Es rollt langsam, bis es sich auf dem Rollfeld in Startposition befindet. Beim Start nimmt Paul Papas Hand. Als sie vom Boden abheben, muss Paul kichern, weil es im Magen so lustig kribbelt. Er schaut Papa an, aber der sieht ziemlich ernst aus, also guckt Paul lieber aus dem Fenster. Die Häuser werden immer kleiner und kleiner und nun drehen sie eine große Kurve und steigen immer weiter in die Höhe.

Nach einer Weile dürfen sie die Anschnallgurte lösen. Zwei Stewardessen teilen Getränke aus. Paul nimmt einen Orangensaft und sie bekommen noch ein paar Nüsse dazu. Plötzlich leuchtet das Anschnallzeichen wieder auf und das Flugzeug beginnt zu ruckeln.
„Was ist los?“, fragt Paul. Er hat ein komisches Gefühl im Bauch, aber diesmal muss er nicht kichern.
„Manchmal kommt es zu kleineren Turbulenzen. Wenn es zum Beispiel ein Gewitter gibt oder plötzliche Ab- und Aufwinde“, erklärt Papa.
Die Turbulenzen werden stärker und Paul greift nach Papas Hand. Im Flugzeug ist es jetzt ganz leise. „Keine Angst“, flüstert Papa.

Als das Flugzeug beim nächsten Mal ein Stück absackt und Paul wieder dieses komische Gefühl im Bauch hat, sagt plötzlich eine Kinderstimme vor ihnen „Huiiii!" und fängt laut an zu glucksen.
Paul und Papa gucken sich an und müssen auch lachen.
„Das ist bestimmt das kleine Mädchen zwei Reihen weiter vorne", sagt Papa.
Wieder hören sie ein lautes „Huiiii!" und anschließendes Glucksen. Und bald lachen fast alle Passagiere mit.
Pauls komisches Gefühl ist wie weggeblasen.
„Für das Mädchen ist das hier wie für andere Trampolinspringen. Hoffentlich dauert es trotzdem nicht so lange", sagt Papa. Das Flugzeug wird wieder ruhiger und die Anschnallzeichen gehen aus. „Puh, geschafft. Und bald landen wir dann auch schon."
„Gehen wir heute noch zum Strand?", fragt Paul aufgeregt. „Ich will aufs Bungee-Trampolin!"
„Hattest du heute nicht schon genug Turbulenzen?", fragt Papa erstaunt nach.
„Nein, ich will noch mehr Kribbeln und Hui", sagt Paul.
Papa seufzt. „Und ich dachte, wir legen uns gemütlich in den Sand."

Tretboot fahren

„Und jetzt: volle Kraft voraus!“, ruft Papa. „Treten!“ Paul stemmt seine Füße in die Pedale und tritt, so schnell er kann. „Super, weiter!“, ermuntert ihn Papa.
Paul rutscht immer weiter auf dem Sitz nach vorne. Seine Beine sind einfach zu kurz für das Tretboot. „Stopp!“, ruft er und nimmt die Füße von den Pedalen. „Ich kann nicht mehr.“
Papa wird langsamer. „Jetzt schon?“
„Meine Beine sind zu kurz“, sagt Paul. „Du musst treten, ich lenke.“ Er nimmt das Steuer in die Hand und Papa tritt weiter. Sie fahren auf eine Gruppe von Enten zu. „Vorsicht!“, sagt Papa. „Andere Richtung. Wir wollen doch keinen Entenbraten essen.“
Die Enten fliegen schnatternd davon. Jetzt fahren sie auf das Ufer zu. Papa reißt das Steuer herum.
„Du musst gegenlenken. Wenn nur ich trete, fahren wir immer ein bisschen nach rechts.“ Er zeigt aufs Ufer. „Lenk mal so, dass wir Richtung Brücke fahren.“
Papa tritt und Paul lenkt. Er streckt seine Zunge heraus, weil er sich so konzentrieren muss. Aber mit ein bisschen Übung klappt es ganz gut.

Sie erreichen die Brücke und fahren darunter hindurch. „Ui, ist es hier dunkel“, sagt Paul. Plötzlich hören sie wieder lautes Schnattern. Ein paar Enten stieben auseinander. „Entschuldigung“, ruft Paul, „ich hab euch nicht gesehen.“

Papa muss lachen. „Die Enten sind das bestimmt gewohnt. Die meisten Tretbootfahrer sind ja keine Profis. Aber manche Leute betreiben das als Sport. Es gibt sogar einen Rekord im 24-Stunden-Tretbootfahren. 24 Stunden sind ein ganzer Tag und eine ganze Nacht."
„Die ganze Nacht?", fragt Paul nach. „Da hätte ich aber Angst."
„Der Fahrer hat dann bestimmt einen Scheinwerfer an seinem Tretboot und ein etwas schnelleres Modell als das hier", schnauft Papa. „Ein bisschen weiter nach links, Paul."
Paul lenkt sie weiter unter der Brücke hindurch. Als sie wieder im Hellen sind, schaut Papa auf die Uhr. „Ein kleines Stück noch, dann drehen wir um. Wir haben das Boot ja nur für eine Stunde gemietet und nicht für einen ganzen Tag."
„Können wir eine kurze Pause machen?", fragt Paul.
„Klar", sagt Papa und zieht zwei Schokoriegel aus seiner Hemdtasche. „Sportlerverpflegung."
Sie lassen sich ein paar Minuten treiben. Dann drehen sie um und steuern wieder auf die Brücke zu. Kurz bevor sie zu der Brücke gelangen, ruft Paul: „Achtung, Enten, wir kommen!"
Und diesmal passieren sie die Brücke tatsächlich ohne

Entengeschnatter. Papa tritt noch einmal ordentlich in die Pedale, sodass sie das Bootshäuschen im Nu erreichen. Sie klettern aus dem Tretboot und Papa reibt sich den Po. „Ich hoffe, in so einem Sport-Tretboot sind die Sitze etwas gemütlicher."

Sie kaufen sich am Bootshäuschen Eis und Limonade und setzen sich ans Ufer. Zwei Enten sehen ihnen beim Eis essen zu. Nach und nach scharren sich immer mehr Enten um sie.

„Was wollt ihr?", fragt Paul und schaut dann auf sein Eis. „Ah, verstehe."

Er schleckt das Eis auf und zerbricht die übrig gebliebene Waffel in kleine Stücke. Die wirft er den Enten nach und nach zu. „Als Entschuldigung", sagt er, „weil wir euch vorhin so erschreckt haben."

Mit lautem Geschnatter stürzen sich die Enten auf die Krümel.

Andere Länder,
andere Sitten

„Zum Bahnhof, bitte!“, sagt Papa und das Taxi fährt los. „Möglichst schnell, wenn’s geht.“

Es ist schon lange her, dass Paul das letzte Mal Taxi gefahren ist.

Aber heute Morgen haben Paul und Papa verschlafen und nun müssen sie schnell zum Bahnhof, um den Zug zu Onkel Joni zu bekommen. Paul beobachtet das Taxameter, auf dem der Fahrpreis steht. Er ändert sich ständig.

„Wie viel kostet es jetzt?“, fragt Paul.

„4,20 Euro“, sagt Papa. „Bis zum Bahnhof sind es wahrscheinlich ungefähr 13 Euro.“

Plötzlich bremst der Taxifahrer und hupt.

„Wieso hupt er?“, fragt Paul.

„Ich weiß es nicht“, sagt Papa. „Anscheinend staut es sich hier wegen einer Baustelle. Aber schneller geht’s auch nicht, wenn man hupt.“

„Ich komme aus Indien“, sagt der Taxifahrer und dreht sich zu ihnen um. „Da hupt man andauernd. Das lernt man schon in der Fahrschule. Mann hupt, wenn man

überholen oder jemanden grüßen will oder wenn man sich über die rote Ampel ärgert."
„Wirklich?", fragt Paul.
„Andere Länder, andere Sitten", sagt der Taxifahrer und drückt als Beweis noch mal auf die Hupe. „Hupen macht Spaß! Hier in Deutschland hupen immer alle nur, wenn sie sich ärgern."
Papa zuckt zusammen. „Aber ist es dann nicht total laut?"
„Ja, klar", sagt der Taxifahrer. „Dagegen sind deutsche Großstädte gar nichts. In Indien lernt man übrigens auch, wie man Staus umgeht, um rechtzeitig zum Bahnhof zu kommen." Er fährt rechts auf den Seitenstreifen, über eine Bushaltestelle, dann in die Einfahrt eines Supermarkts, quer über den Parkplatz und auf der anderen Seite wieder raus. „So, hier ist freie Bahn."

Papa schaut auf die Uhr. „Zum Glück, wird nämlich wirklich knapp."
Innerhalb von zehn Minuten sind sie am Bahnhof. Das Taxameter ist bei 12,20 Euro und Papa zahlt ein üppiges Trinkgeld. „Danke, dass Sie so schnell waren. So, Paul, jetzt müssen wir uns beeilen!"
Papa nimmt Paul an die Hand und sie laufen los. Dann hupt es hinter ihnen und Papa dreht sich um. „Haben wir was vergessen?"
„Ich glaube, der will nur noch mal Tschüss sagen!", meint Paul und winkt.
„Wahrscheinlich hast du recht", sagt Papa. „Ich glaube, du würdest in Indien sehr gut zurechtkommen!"

Tierisch was los bei

Paul & Papa

Die Tüte

„Papa, kann ich noch mehr Mayo haben?“ Paul schiebt sich eine Pommes in den Mund. Doch Papa sieht zur Seite und reagiert nicht. „Papa, ob ich noch mehr Mayo haben kann? Papa!“
„Was?“, sagt Papa und dreht sich zu Paul. „Ich habe gerade die Büffel beobachtet. Irgendwas ist da los.“
Er zeigt zum Gehege der Büffel, das sich im Tierpark neben dem Imbiss befindet.

Jetzt schaut auch Paul zu den Büffeln. Sie stehen im Kreis um etwas herum und scheinen Angst zu haben. Aber wovor?, fragt sich Paul. „Da ist eine blaue Mülltüte!“, entdeckt er. „Ich glaube, davor haben sie Angst.“

„Du hast recht!“, ruft Papa. „Die Mülltüte bewegt sich leicht im Wind und sie wissen nicht, was das ist. Guck mal, der größte Büffel sieht total angespannt aus. Die anderen schauen ihn immer wieder an. Wahrscheinlich ist er der Chef und sie erwarten, dass er weiß, was zu tun ist.“

„Aber die Tüte tut ihnen doch nichts!“, wendet Paul ein.

„Das wissen sie ja nicht“, sagt Papa. „Vielleicht sehen sie zum ersten Mal eine und deshalb haben sie Angst.“

Ein leichter Wind kommt auf und lässt die Tüte tanzen. Der größte Bulle brüllt auf, alle sehen ihn an und laufen vor Schreck davon.

„Oje, die Armen!“, sagt Papa. „Ich glaube, sie haben sich mehr vor dem Gebrüll als vor der Tüte erschreckt.“

Er wendet sich wieder dem Essen zu. „Was wolltest du noch mal? Paul?“

Paul beobachtet weiter gespannt die Tiere, die sich langsam wieder der Tüte von allen Seiten annähern.

Nur der größte Bulle bleibt zögerlich am Zaun stehen. Da kommt stärkerer Wind auf und lässt die Mülltüte nach oben fliegen. Alle schauen zu, wie die Tüte davongeweht wird.

„Jetzt haben sie wieder Ruhe. Ah, schau mal, der Tierpfleger kommt. Es gibt was zu fressen." Papa tunkt eine Pommes in den Ketchup.

„Mayo", sagt Paul.

„Mayo? Sieht eher nach Gemüse aus, was die da essen." Papa holt eine Box aus dem Rucksack. „Haben wir auch dabei."

Paul beißt in eine Karotte. „Bekomme ich trotzdem noch Mayo für meine Pommes?"

Papa reißt ein kleines Tütchen Mayo auf. „Klar, Chef."

Elefantengedächtnis

„Dahinten müsste es sein“, sagt Papa und tritt noch mal kräftig in die Pedale. „An der nächsten Kreuzung wohnen sie.“

„Nein“, sagt Paul vom Kindersitz aus. Er hält ein Geschenk in den Händen.

„Wie, nein?“, fragt Papa nach. Die Ampel wird rot und er muss anhalten.

„An der Kreuzung war ein Kiosk, das weiß ich noch genau“, sagt Paul.

Papa dreht sich zu ihm um. „Aber es ist zwei Jahre her, dass wir hier waren. Das kannst du doch gar nicht mehr wissen.“

„Doch“, sagt Paul knapp. „Es ist grün.“

Papa steigt auf und fährt los. Er schaut sich suchend um, aber kann das Haus, in dem Carlo wohnt, nicht entdecken.

„Papa, wir kommen zu spät zum Geburtstag, beeil dich!“

„Ja, ja, ist ja gut“, sagt Papa. „Hätte ich mir die Hausnummer mal gemerkt“, murmelt er und fährt langsam weiter.

Als sie an der nächsten Kreuzung ankommen, ruft Paul: „Da ist der Kiosk und daneben wohnt Carlo!“ Papa blickt rüber zur anderen Straßenseite. „Tatsächlich. Du hast recht. Manchmal hast du echt ein Gedächtnis wie ein Elefant.“

„Wieso wie ein Elefant?“, fragt Paul. „Haben die besonders große Gehirne?“

Papa steigt ab und schiebt das Rad über die Straße. „Besonders große nicht, aber besonders gute. Wenn ein Elefantenjunges an eine Wasserstelle geführt wurde, kann es sich noch dreißig Jahre später daran erinnern, wo sie war." Er stellt das Rad vor dem Haus ab und hebt Paul herunter.

„Eine Limostelle", sagt Paul.

„Wieso Limostelle?", fragt Papa, während er das Rad abschließt.

„Weil du mir damals eine Limo in dem Kiosk gekauft hast." Paul läuft zum Hauseingang. „Hier müssen wir klingeln."

„Na, dann muss ich mir ja keine Sorgen machen, dass wir irgendwann mal verdursten oder uns verlaufen." Papa drückt die Tür auf, als es summt. „Aber jetzt hätte ich gern erst mal einen Kaffee und ein schönes Stück Kuchen."

Krabbeltiere

„Jetzt halt mal still“, sagt Papa.
„Aber es ziept! Blöder Kamm.“
Paul zieht den Kopf weg.
„Ich weiß, dass das blöd ist. Aber im Kindergarten stand ein Schild, dass Läuse umgehen und dass wir alle eure Köpfe kontrollieren sollen. Also versuch’s bitte einfach.“
Paul strengt sich an, ganz still zu halten. „Was wollen die Läuse überhaupt auf meinem Kopf?“, fragt er.
„Eier legen“, sagt Papa.
Paul reißt den Kopf rum. „Wie ein Huhn?“

Papa lacht und streicht Paul über den Kopf. „Nein. Die Eier sind miniklein und kleben an den Haaren. Nissen nennt man sie. Und die muss man rauskämmen."
Paul schaut wieder nach vorne. „Und, hast du schon welche gefunden?"
„Nein." Papa kämmt jetzt am Hinterkopf.
„Können wir die Haare nicht einfach waschen und die Läuse wegspülen?", fragt Paul.
„Nein, die Läuse halten sich sehr gut am Haar fest. Sie haben hakenförmige Krallen." Mit seinen Armen macht er sie nach und Paul muss lachen. „Und die Eier kleben mit einem Superkleber fest. Man braucht spezielles Läuseshampoo und so einen Läusekamm hier, um sie aus den Haaren rauszubekommen." Papa wedelt mit dem Kamm kurz vor Pauls Augen herum, dann kämmt er weiter.
„Und was essen sie?", fragt Paul. „Haare?"
„Nein, Blut."
Paul erschrickt. „Wie ein Vampir?"
Jetzt muss Papa lachen. „Vampire gibt's ja nicht in echt. Eher wie eine Mücke. Beide saugen Blut."
Paul schüttelt sich. Aber Papa beschwert sich gar nicht.
„Fertig", sagt er. „Weder Läuse noch Eier gefunden."
„Kann ich jetzt noch spielen?", fragt Paul.

Papa wäscht den Kamm ab. „Ja klar, und ich mache schon mal das Abendessen. Hast du vielleicht Lust auf Spiegeleier?“

„Bitte keine Eier!“, ruft Paul aus seinem Zimmer.

„Stimmt“, murmelt Papa. „Dann gibt es Spaghetti mit Tomatensoße?“

„Lieber mit Pesto!“, ruft Paul zurück.

Gespenster

„Pflanzen sind langweilig, ich will lieber in den Zoo", mault Paul, als sie durch den Eingang in den Botanischen Garten gehen.
„Ein paar Vögel gibt es hier auch. Und Schildkröten", sagt Papa und zieht Paul weiter.
Sie kommen durch einen Kräutergarten, der zwar gut riecht, den Paul aber sonst nicht so spannend findet. Dahinter steht ein Glashaus.
„Das ist ein Warmhaus, am besten ziehen wir die Jacken aus." Im Warmhaus ist es tatsächlich warm und stickig. Es gibt unter anderem Bananenstauden, an denen keine Bananen hängen, sondern riesige Blüten, und ein Becken mit Schildkröten. Die Seerosenblätter darauf haben einen hohen Rand und sehen aus wie Tabletts.
„Da bekomme ich gleich Lust auf einen Kaffee", sagt Papa. „Hier gibt's sogar eine Kaffeepflanze!"
„Ich will aber lieber Kakao", ruft Paul zurück und sieht der einen Schildkröte dabei zu, wie sie abtaucht und an einer ganz anderen Stelle plötzlich wieder auftaucht.

„Der wächst hier bestimmt auch irgendwo", sagt Papa und verschwindet hinter ein paar Palmen.
„Wenn das hier das Warmhaus ist, gibt's dann auch ein Kalthaus?", fragt Paul und schaut sich um. „Papa, wo bist du?"
„Buh!", macht Papa und guckt hinter einem großen Palmwedel hervor. Paul zuckt kurz zusammen. „Wir können ja mal danach suchen!", schlägt Papa vor und reicht Paul seine Jacke, während sie rausgehen.
Paul läuft vor, durch die Moorlandschaft, vorbei an der Düne über ein kleines Bächlein, das durch graue Steine fließt. „Da ist noch ein Häuschen", ruft Paul aufgeregt.
„Tatsächlich, es steht Kalthaus dran. Ob wir jetzt Mütze und Schal brauchen?"
Paul öffnet die Tür und gemeinsam gehen sie hinein. Drinnen ist es ähnlich kühl wie draußen. Es stehen große Töpfe mit Pflanzen herum. „Hier ist es langweilig", entscheidet Paul. „Ich will wieder raus."
Papa dreht noch eine Runde und folgt ihm dann nach draußen.
„Wollen wir noch zu den Vögeln?", fragt Papa.
Doch Paul schüttelt den Kopf. „Nach Hause."
Sie gehen Richtung Ausgang, als Paul plötzlich etwas entdeckt. „Guck mal, da steht ein Aquarium!"

Er nähert sich dem Kasten. „Fische sehe ich nicht." Er umrundet das Ding und sucht weiter. „Uaah, was ist das denn? Die sehen ja aus wie Gespenster!"

Papa tritt näher heran. „Axolotl“, liest er vor. „Interessant. Die können Arme und Beine oder auch Teile des Gehirns nachwachsen lassen, wenn sie sich verletzen.“

„Wie Seesterne, oder? Die können die Arme auch nachwachsen lassen.“ Begeistert beobachtet Paul die Tiere. Sie haben ein breites Maul, sind irgendwas zwischen weiß und durchsichtig und haben Antennen auf dem Kopf.

„Jein“, sagt Papa. „Seesterne haben nämlich gar keine Gehirne.“

„Aber diese Axodingsbums schon? Das heißt, sie können denken?“

Papa nickt und liest weiter, während Paul mit der Hand das Glas berührt. „Achtung: Nicht klopfen, steht hier“, ruft Papa.

Paul zieht seine Hand zurück. „Warum?“, fragt er.

Papa zuckt mit den Schultern. „Keine Ahnung, vermutlich soll man sie nicht erschrecken.“

„Denken sie dann, dass wir Gespenster sind?“

Papa lacht. „Vielleicht. Na, dann lassen wir sie lieber in Ruhe. Kommst du? Du wolltest doch gehen!“

Doch Paul beobachtet weiter die seltsamen Tiere hinter dem Glas. „Ich? Nein. Ist doch superspannend hier!“

Erster

„Quiek!“, macht das kleinste Ferkel.

Paul guckt gespannt in das Abteil des Stalls, in dem die Sau mit ihren kleinen Ferkeln im Stroh liegt. „Opa“, fragt er, „wieso schubsen sich die Ferkel gegenseitig weg, das ist doch gemein!“

Opa steht neben ihm. Er hat Paul mit zu seinem Freund Hansen auf den Bauernhof genommen. „Weißt du“, sagt er, „bei den Tieren ist das anders. Wenn sie

Hunger haben, dann wird auch mal geschubst. Jeder will der Erste sein. Da wird nicht so viel Rücksicht genommen wie bei uns."

Paul beobachtet, wie sich das kleinste Ferkel zwischen seine Geschwister drängelt und schließlich auch bei der Mama trinken darf. Erleichtert zeigt er es Opa.

„Zum Glück ist der Eber nicht da", sagt der.

„Wieso?", fragt Paul.

„Als dein Papa und Onkel Joni klein waren, haben wir Hansen öfter besucht. Einmal waren wir dabei, als Hansen den Trog für die Schweine gefüllt hat. Die Sau hatte damals auch Ferkel, sie waren etwas älter als die jetzt und alle waren zusammen im Stall." Aus dem Stallabteil ist wieder Gequieke zu hören. Opa macht eine Pause und blickt auf die Sau, die sich mühsam erhebt und zum Futtertrog geht.

„Erzähl weiter!", sagt Paul.

„Der riesengroße Eber kam grunzend angelaufen. Er hat die Ferkel mit der Schnauze gepackt und sie nach links und rechts geworfen, um als Erster beim Trog zu sein. Die Ferkel flogen richtig durch die Luft. Seitdem

habe ich zu deinem Papa und Onkel Joni immer gesagt: ‚Denkt an den Eber', wenn sie sich als Erste aufs Essen stürzen wollten." Er lacht.

„Weil du der Eber bist?", fragt Paul nach.

„Ja, irgendwie schon." Opa lacht wieder.

Die Sau legt sich zurück ins Stroh und die Ferkel suchen sich quiekend ihre Plätze und trinken wieder bei ihrer Mutter.

Paul sucht nach dem kleinsten Ferkel. „Jetzt habe ich auch Hunger", sagt er, als er es gefunden hat.

„Ich glaube, Hansens Frau wollte heute Pfannkuchen machen. Von den frischen Eiern, die du gestern gesammelt hast. Duftet es nicht sogar schon?"

„Mmmh, Pfannkuchen, lecker", ruft Paul, macht kehrt und läuft zum Tor der Scheune.

Auch Opa setzt sich in Bewegung. „Denk an den Eber", sagt er und grunzt dann.

Paul dreht sich um. „Willst du mich wegschubsen?", fragt er. „Das schaffst du nicht. Ich bin Erster. Quiek!" Und weg ist er.

Im Blumenladen

„Ah, guck mal, da ist ein Blumenladen", sagt Papa. „Da können wir Blumen für Mama kaufen."

„Ich will sie aussuchen", ruft Paul und läuft zur Tür herein. Paul fühlt sich wie im Dschungel. Riesige Palmen und Kletterpflanzen reichen bis zur Decke des großen Raums. Auf dem Boden stehen überall Blumen in Vasen und Eimern. „Toll!", staunt Paul.

„Welche wollen wir nehmen?", fragt Papa.

„Hmm", macht Paul und sieht von den roten mit den großen Blüten zu den lilafarbenen mit den kleinen Glöckchen.

Plötzlich macht es laut „Krah!" und Paul zuckt zusammen. „Was war das?", fragt er Papa.

Die Blumenverkäuferin kommt dazu. „Einer unserer Papageien", sagt sie lachend. „Willst du sie angucken?"

Paul nickt und läuft der Verkäuferin hinterher.

„Wie viele sind es?", fragt er.

Die Verkäuferin bleibt stehen. „Zwei", sagt sie. „Da oben sind sie." Dann geht sie wieder zurück in den Verkaufsraum.

Zwei bunte Papageien sitzen auf einer Tür, die zu einem weiteren mit Blumen vollgestellten Raum führt. Einer hat blaugrünes und der andere rotgrünes Gefieder. Außerdem ist der eine etwas größer als der andere. Mit ihren Schnäbeln knabbern sie an dem Holz der Tür, das schon sehr mitgenommen aussieht.

„Warum machen die das?", fragt Paul.
„Sie wetzen ihre Schnäbel. Das machen sie auch mit den Krallen", erklärt Papa. „Weil sie keine Nagelschere haben."
„Guck mal, jetzt küssen sie sich!", ruft Paul.
„Wie niedlich", sagt Papa. „Schnäbeln nennt man das. Vermutlich sind es Mann und Frau. Ich glaube, Papageien leben als Paare zusammen."
„Nein", sagt Paul entschieden. „Das sind Papagei und Pauligei."
„Krah!", macht der kleinere Papagei wie zur Zustimmung.
Papa lacht. „Vielleicht hast du recht. Komm, Pauligei, wir suchen jetzt die Blumen für Mama aus."
„Alles klar, Papagei", sagt Paul.
„Wir haben auch Papageienblumen." Die Verkäuferin zeigt auf einen der Eimer mit besonders schönen Blumen. Diese sehen wirklich ein bisschen wie die bunten Vögel aus. „Eigentlich heißen sie Strelitzien", erklärt die Verkäuferin, „aber das kann sich ja kein Mensch merken."
Paul nickt. „Oh ja, das passt!"
Sie nimmt die orangefarbig aufgefächerten Blüten in die Hand. „Wie viele willst du?", fragt sie.

„Zwei“, sagt Paul. „Ach nein, lieber drei. Papagei, Pauligei und Mamagei.“
Lächelnd nimmt die Verkäuferin drei Blumen heraus und wickelt sie in Papier ein. Während Papa bezahlt, geht Paul noch einmal zu den Papageien zurück.
„Tschüss, ihr beiden!“ Er winkt.
„Krah, krah“, machen sie.

Balkontier

„Ich möchte ein Haustier haben", sagt Paul und bleibt auf der Treppe stehen.
Papa läuft weiter. „Für Hunde und Katzen haben wir zu wenig Platz. Da braucht man ein Haus mit Garten."
„Und was ist mit einem Hamster? Oder einem Meerschweinchen?"
Jetzt bleibt auch Papa stehen und dreht sich um.
„Gegen Nagetiere ist Mama allergisch. Sie muss dann dauernd niesen, das geht also nicht. Außerdem sind Hamster nachtaktiv. Sie sind wach, wenn wir schlafen wollen. Das ist unpraktisch." Papa steigt weiter nach oben. „Komm jetzt, Paul."
Trotzig nimmt auch Paul die nächste Stufe. Doch dann hält er wieder an.
Papa ruft herunter. „Paul, mach mal etwas schneller. Du bist ja langsamer als eine Schnecke."
Paul schaut auf. „Was ist mit einer Schnecke?"
„Wie, was soll damit sein?", fragt Papa nach.
Paul geht die Treppe weiter hoch.

„Könnte ich eine Schnecke als Haustier haben?"

Papa überlegt kurz. „Du könntest eine Schnecke als Balkontier haben."
„Au ja!", ruft Paul und rennt die letzten Stufen in den fünften Stock. „Schließ schnell die Tür auf, wir müssen sofort ein Haus für Schnecki bauen."
„Am besten nehmen wir mein altes Aquarium", schlägt Papa vor. „Ich glaube, das steht im Keller."
Paul und Papa stellen ihre Rucksäcke ab, ziehen die Jacken aus und laufen wieder nach unten. Es dauert eine Weile, bis Papa das Aquarium im Kellerabteil findet. Es steht in der hintersten Ecke in einem verstaubten Schrank.
„Hattest du mal Fische?", fragt Paul.
Papa pustet den Staub weg. „Ja, früher als ich noch studiert hab."
Sie nehmen das Aquarium mit nach oben und machen es in der Dusche sauber. Dann suchen sie einen geeigneten Platz auf dem Balkon. Den Boden des Aquariums bedecken sie mit Blumenerde.
Paul zeigt auf einen leeren Balkonkasten. „Und hier können wir für Schnecki Salat anbauen!"
„Gute Idee", sagt Papa. „Fehlt nur noch Schnecki."
„Im Hof habe ich letztens in einer Ecke ganz viele Schnecken entdeckt", sagt Paul eifrig.

„Also wieder runter. Dann nehmen wir gleich den Müll mit." Als er sich den Biomüll schnappt, hält Papa inne. „Die Möhrenschalen behalten wir für Schnecki."
Paul streckt den Daumen nach oben.
Im Hof findet Paul tatsächlich gleich ein paar Schnecken. Ihre Häuser sind gelb mit dunkelbraunen Streifen. Er sucht sich die Größte aus. „Kann ich auch zwei nehmen?", fragt er Papa. „Dann ist Schnecki nicht so alleine."

Papa nickt. „In Ordnung. Wir nehmen auch noch ein paar Ästchen und ein Stück Rinde mit."
Die beiden Schnecken verstecken sich im Häuschen, als Paul sie vorsichtig nach oben trägt.
„Wie soll die zweite heißen?", fragt Papa.
„Tiger", sagt Paul wie aus der Pistole geschossen.
„Das passt", sagt Papa und schließt die Tür auf.
„Hoffentlich ist sie nicht so gefräßig wie ein Tiger."
Paul öffnet die Balkontür und setzt die Schnecken in ihr neues Zuhause. Papa legt die Ästchen und die Rinde dazu. Und in eine Ecke tut Paul die Möhrenschalen.
„Guten Appetit!", sagt er. Eine Weile beobachtet er die Schnecken. Doch sie kommen nicht aus ihren Häuschen hervor. „Ich will auch was essen. Apfel!"
„Geschält oder ungeschält?", fragt Papa.
„Geschält natürlich", sagt Paul und sie gehen rein.
„Dann kriegen Tiger und Schnecki später noch einen Nachtisch!"

Blutwurst und Spiegelei

Paul schaut von seinem Bild auf. „Wie hieß noch mal der Affe, den wir letztens im Zoo gesehen haben? Blutwurstpavian?“
Papa lacht. „Leberwurstpavian. Nee, kleiner Scherz. Blutbrustpavian. Aber Blutwurstpavian wäre ein sehr lustiger Name.“
„Und wieso heißen die so?“, fragt Paul und legt den braunen Stift beiseite.

„Weil sie eine haarlose Stelle auf der Brust haben, die blutrot ist. Die haben wir doch gesehen!“

Paul greift nach dem roten Stift.

„Sah das so aus?“

„Ja!“, ruft Papa. „Es gibt viele lustige Namen in der Tierwelt. Zum Beispiel den Schokoladen-Fruchtzwerg.“

Paul guckt ihn ungläubig an. „Was soll das denn sein?“

„Eine Fledermausart. Braun wie Schokolade. Sie gehört zur Gruppe der Fruchtvampire. Das sind Fledermäuse, die sich von Früchten ernähren. Anders als die Spiegeleiqualle, die sich nicht von Spiegeleiern ernährt, sondern wie eins aussieht.“

Paul nimmt einen gelben Stift und malt ein Spiegelei. Dann zeichnet er ganz viele Fangarme außen herum.

„So?“

„Ich denke schon“, sagt Papa. „Es gibt auch Tomatenfrösche und Bananenschnecken.“

„Ich hab Hunger“, sagt Paul und lässt den Stift fallen.

Papa steht auf. „Spaghetti mit Tomatensoße?“

„Ja. Und zum Nachtisch ...“

„... eine Banane. Etwas anderes haben wir eh nicht.“

Unwetter

„So ein Mistwetter“, ruft Papa und tritt in die Pedale. Paul sitzt hinten auf dem Kindersitz und ist trotz Regenjacke und Gummistiefeln bereits komplett durchnässt. Es regnet in Strömen. „Krass!“, ruft er und zeigt auf einen Gullideckel, aus dem das Wasser nur so heraussprudelt. Die Leute auf dem Bürgersteig stehen bis über die Knöchel im Wasser.
„Können wir uns nicht irgendwo unterstellen?“, fragt Paul.
„Lieber schnell nach Hause“, schnauft Papa. „Wir sind eh schon nass. Außerdem hab ich Angst, dass der Keller vollläuft.“
Als sie das Fahrrad im Hof abstellen, sehen sie einen Mann vor dem Eingang des Nachbarkellers. Er leert einen Eimer dreckiger Brühe aus.
„Oje, mir schwant nichts Gutes“, stöhnt Papa. Sie laufen im Eiltempo nach oben, ziehen sich trockene Klamotten an, schlüpfen wieder in die Gummistiefel und hechten dann zurück nach unten in den Hof. Papa schließt die Tür zur Kellertreppe auf und sie blicken auf eine große Wasserfläche.

„Wie tief ist es?“, fragt Paul.
Papa stiefelt die Treppe hinunter. „Etwa eine Handbreit“, sagt er. „Ich muss schnell ein paar Sachen aus unserem Kellerabteil retten, dann fangen wir an zu schöpfen. Wir leeren die Eimer im Hof aus.“
Paul watet durch das Wasser, während Papa einige Bilderrahmen und kleinere Möbelstücke ins Treppenhaus stellt. Dann beginnen sie, mit zwei Eimern das Wasser zu schöpfen und in den Hof zu schütten.

Mittlerweile hat es aufgehört zu regnen.
„Ich kann nicht mehr", sagt Paul irgendwann. „Ich schau mich mal im Hof um."
„Okay", ruft Papa.
Paul läuft weiter nach hinten in den Hof, wo es eine Schaukel und einen Sandkasten gibt. Dort ist noch ein zweiter Gullideckel. Paul traut seinen Augen nicht: Darauf sitzt eine triefend nasse Ratte. Schnell dreht sich Paul weg. Doch vor lauter Neugier wagt er einen weiteren Blick. Die Ratte atmet schwer, dann schüttelt sie sich ein paar Mal und die Tropfen fliegen aus ihrem Fell.
Paul läuft zum Kellerzugang zurück. „Papa!", ruft er hinunter. „Komm schnell!"
„Was ist denn passiert?", fragt Papa und erscheint unten an der Treppe.
„Auf dem hinteren Gullideckel sitzt eine patschnasse Ratte", berichtet Paul aufgeregt.
„Oje, die Arme. Die wurde bestimmt zusammen mit dem Wasser aus der Kanalisation hochgedrückt. Und hat sich gerade noch vor dem Ertrinken gerettet."
Papa fährt sich mit der Hand durch die noch immer feuchten Haare.
„Was machen wir jetzt? Sollen wir ihr helfen?", fragt Paul.

„Wir sollten sie auf keinen Fall anfassen, Ratten können Krankheiten übertragen", warnt Papa und greift nach den beiden gefüllten Eimern. „Ich muss jetzt eh hoch, dann kannst du sie mir zeigen."
Paul läuft vor. Und bleibt enttäuscht stehen. Die Ratte ist nicht mehr da.
„Na, wo ist sie?", fragt Papa.
„Weg", sagt Paul. „Aber sie war wirklich da."
Papa zieht die Augenbrauen hoch. „Ja?" Er schüttet die Eimer aus und geht wieder runter in den Keller.
Paul blickt sich suchend um. Im Gebüsch, das zu den Bahnschienen hingeht, bewegt sich doch was! Er wagt sich näher heran und sieht eine kleine spitze Nase, die hervorguckt.
„Mach's gut!", ruft Paul der Ratte zu und winkt.

Superdoofi

„Lies weiter!", drängelt Paul. „Ich will wissen, was auf dieser Urlaubsinsel passiert. Mit den Krokodilen."
„Comics vorlesen ist anstrengend mit den ganzen Sprechblasen", mault Papa. „Ich freu mich schon drauf, wenn du selbst lesen kannst. Dann darfst du so viele Comics lesen, wie du willst."
„Ich denk mir einfach selber einen Comic-Helden aus", beschließt Paul. „Und mal meine Comics selbst. Dann muss ich nicht warten, bis ich lesen kann." Er steht auf, stiefelt zu seinem Schreibtisch und beginnt zu malen.
„Ich koch uns mal was", sagt Papa und geht in die Küche.
Zwanzig Minuten später setzt sich Paul an den Tisch.
„Wo ist Mama?", fragt er.
„Geld verdienen", sagt Papa. „Zeig mal, was du gemalt hast."
Paul schiebt ihm ein Blatt rüber. „Das ist mein Comic-Held. Superdoofi. Ein Krokodil."
Papa beugt sich über das Papier. „Ah ja, das Krokodil erkennt man gut. Und wieso Doofi?"

„Weil ihm dauernd doofe Sachen passieren. Aber trotzdem ist er am Ende der Held", erklärt Paul.
„Ist das ein Umhang?", fragt Papa und tut Paul Essen auf. „Vorsicht, ist noch etwas heiß."
„Genau. Der Superheldenumhang. Damit kann Superdoofi fliegen." Paul pustet. „Oder wedeln, damit das Essen abkühlt."

Papa schmunzelt. „Guten Appetit!"
„Ich werde Mama sagen, dass sie nicht mehr so lange arbeiten muss", sagt Paul zwischen zwei Bissen. „Ich verdiene jetzt auch Geld. Mit Superdoofi."
„Klingt gut." Papa nimmt sich nach. „Und wo willst du deine Comics verkaufen?"
„Im Kindergarten, ist doch klar, ist ja schließlich für Kinder."
„Super", sagt Papa und lehnt sich zurück. „Dann kannst du ja das Geld für unseren nächsten Urlaub verdienen."
„Abgemacht", sagt Paul. „Auf einer Insel. Aber ohne Krokodile."

Der Fussballhund

„Hach, diese Ruhe!“ Papa atmet tief ein und aus und lächelt dann. „Schön ist es auf dem Land, oder, Paul?“
„Hmm“, macht Paul und kickt einen Stein weg. „Ich hätte lieber ein paar Kinder, mit denen ich spielen kann.“
„Da ist ein Kind!“, ruft Papa und zeigt auf eine Frau, die mit einem kleinen Kind auf dem Arm die Dorfstraße entlang spazieren geht.
„Das ist ein Baby“, sagt Paul genervt.
„Na, was ist denn mit dir los?“, fragt die Frau freundlich. „Gefällt's dir hier nicht?“
„Doch“, sagt Paul, „aber hier ist niemand zum Spielen.“
„Magst du Fußball spielen?“, fragt die Frau und Paul nickt.
Die Frau steckt zwei Finger in den Mund und pfeift laut. Paul sieht sie fragend an, doch da kommt schon mit wehenden Ohren ein Hund angerannt.
„Darf ich vorstellen: Das ist Max. Gäbe es eine Hundenationalmannschaft, er wäre dabei.“

„Wuff, wuff“, macht Max wie zur Bestätigung.
„Hol den Ball“, fordert die Frau ihn auf und der Hund flitzt davon.
„Der ist ja lustig“, sagt Papa amüsiert. „Was ist denn das für eine Rasse?“
„Eine Mischung aus Windhund und Dackel. Aber mehr Dackel“, lacht die Frau. „Nur wenn er Fußball spielt, erkennt man den Windhund.“
Max kommt mit einem Ball in der Schnauze zurück. Auffordernd schaut er Paul an.
„Ihr könnt auf der Wiese spielen. Du musst ihm den Ball abnehmen. Einfach dagegentreten“, erklärt sie.
„Tue ich ihm dann nicht weh?“ Paul wagt einen vorsichtigen Versuch.
„Nö, das ist er gewöhnt“, beruhigt ihn die Frau.
Paul tritt etwas stärker gegen den Ball, aber Max hält ihn knurrend fest. Also tritt Paul noch stärker und schafft es, dem Hund den Ball zu entreißen. Paul dribbelt, doch wem soll er den Ball zuspielen? „Papa!“, ruft er und der bringt sich in Stellung. Doch Max ist schnell. Schon hat er der Paul-Papa-Mannschaft den Ball wieder abgeluchst.
„Gegen die Windhund-Gene kommen wir nicht an, aber dafür sind wir zu zweit“, schnauft Papa.

Von beiden Seiten greifen sie an. Die drei spielen, bis alle völlig aus der Puste sind.
„Das hat Spaß gemacht!“, sagt Paul glücklich.
„Dann komm doch morgen wieder vorbei“, schlägt die Frau vor. „Wir wohnen in dem Haus gegenüber. Max freut sich, wenn jemand mit ihm Fußball spielt.“

Sie verabschieden sich und Paul und Papa gehen zurück zum Ferienhaus.
„Da seid ihr ja wieder!“, sagt Mama, die am Herd steht. „Mittagessen ist gleich fertig. Warum seid ihr so verschwitzt?“
„Fußball“, schnauft Paul.
„Habt ihr mit Jogi Löw trainiert?“ Mama stellt das dampfende Essen auf den Tisch.
„Nein“, sagt Paul. „Mit der Hundenationalmannschaft.“

Seepferdchen-Papa

„Und jetzt noch die Schuhe“, sagt Papa in der Kindergartengarderobe. Er stellt sie vor Paul hin. „War alles gut heute?“

Paul streift sich die Hausschuhe ab. „Ja, äh ... nein.“

„Was denn nun?“, fragt Papa.

„Oskar hat gesagt, dass es komisch ist, dass ich fast immer von meinem Papa abgeholt werde und nicht von meiner Mama.“ Paul kickt die Hausschuhe in die Ecke.

„Hey!“, ruft Papa. „Mal langsam. Wieso, was ist daran komisch?“

Paul schlüpft in seine Turnschuhe. „Bei ihm kommt immer seine Mama und sein Papa arbeitet lange.“

„Jetzt hast du die Schuhe falsch rum angezogen. Tausch noch mal!" Papa beugt sich runter. „Mama holt dich doch auch ein- bis zweimal die Woche ab. Und sie hat dich neun Monate im Bauch rumgetragen und war das erste halbe Jahr mit dir zu Hause."
Paul schlüpft wieder aus den Schuhen raus. „Na ja, Papas können ja auch keine Kinder kriegen, oder?"
„Das stimmt", sagt Papa und stellt die Schuhe richtig herum vor Paul. „Bei manchen Tieren ist es aber so, zum Beispiel bei den Seepferdchen. Da tragen die Papas die Eier in der Bauchtasche."
„Wir sind aber keine Seepferdchen", sagt Paul.
„Die sind doch ganz niedlich." Papa zeigt in die Ecke. „Räum die Hausschuhe bitte noch weg."

Paul hebt die Hausschuhe auf und stellt sie unter seinen Haken. „Papa, können wir mal wieder schwimmen gehen?"
„Klar! Morgen nach dem Kindergarten?"
Paul strahlt. „Au ja!"
„Dann können wir auch mal wieder fürs Seepferdchenabzeichen üben. Was meinst du?"
„Super, dann hab ich bald auch ein Seepferdchen."
„Oder du wirst eins." Papa hält Paul die Hand hin. „Hopp, kleines Seepferdchen, los geht's!"

Mitbewohner

Papa sieht sich im Kinderzimmer um. „Paul, wir müssen aufräumen. Hier gibt's ja keinen freien Zentimeter mehr auf dem Boden." Auf dem Weg zum Kleiderschrank tritt er auf einen Legostein und flucht.
Paul spielt einfach weiter. „Aufräumen ist doof. Man müsste mehrere Wohnungen haben, dann könnte man

einfach die Wohnung wechseln, wenn die eine voll oder dreckig ist."

Papa ist beim Kleiderschrank angekommen und holt Klamotten für Paul raus. „Wir sind doch keine Eichhörnchen", sagt er.

„Wieso Eichhörnchen?", fragt Paul und schaut Papa an.

Papa legt die Klamotten aufs Bett, auf dem noch einige Bücher, Zeitschriften und Kuscheltiere verteilt liegen. „Eichhörnchen bauen sich gleich mehrere Nester, und wenn in einem Parasiten sind, ziehen sie einfach ins nächste."

„Parawas?", fragt Paul und steht auf.

„Parasiten", erklärt Papa. „Das sind kleine Tierchen, Mitbewohner sozusagen. Bei uns Menschen zum Beispiel Läuse oder auch Mücken. Bei Eichhörnchen sind es vor allem Milben und Flöhe. Milben gibt es aber auch bei uns im Bett."

Paul verzieht das Gesicht und schaut auf sein Bett. „Und was machen die da?"

„Sie leben dort und ernähren sich von unseren Hautschuppen. Zieh dich jetzt mal an", sagt Papa.

„Iiieh!", ruft Paul und reißt schnell die Klamotten vom Bett.

Papa lacht. „Wenn man nicht gerade eine Allergie gegen Milben hat, ist das nicht so schlimm", sagt er. „Wir haben im Gegensatz zu den Eichhörnchen ja zum Glück auch Waschmaschinen und Staubsauger. So können wir das Bett und unsere Klamotten sauber halten, ohne gleich umziehen zu müssen."

Paul zieht seinen Schlafanzug aus und schlüpft in die frische Unterhose. „Ich will Staubsaugen!", sagt er.

Papa räumt die Sachen vom Bett zusammen. „Immer gerne doch. Aber vorher müssen wir erst mal zusammen aufräumen. Sonst landen deine Legosteine zusammen mit den Milben und dem Staub im Sauger."

Also zieht sich Paul Jeans und T-Shirt an und beginnt, die Legosteine in eine große Kiste zu werfen. Papa hebt Autos und Papierflieger vom Boden auf.

„Fertig. Jetzt können wir saugen", sagt Papa.

Paul läuft zur Tür. „Ich hole den Staubsauger."

Papa steckt den Stecker in die Steckdose und Paul schaltet das Gerät ein. „Können wir das Bett auch absaugen?", fragt er.

„Das schadet bestimmt nicht", sagt Papa und zieht das Laken von der Matratze. Paul saugt die Matratze ab und Papa bezieht sie anschließend neu. Dann saugen sie noch den restlichen Fußboden.

Paul schaltet den Staubsauger wieder aus. „Also machen Eichhörnchen nie sauber? Wie gehen die kleinen Tierchen dann weg?"
Papa streicht sich übers Kinn. „Ich denke, die Parasiten verschwinden einfach, wenn die Eichhörnchen eine Weile nicht da sind. Dann haben sie ja nichts mehr zu essen. Wenn du dein Bett nicht mehr benutzen würdest, würden die Milben auch irgendwann verhungern." Auf Pauls Stirn erscheinen Denkfalten. „Falls du jetzt auf die Idee kommst, dann besser bei uns zu schlafen", sagt Papa schell, „in unserem Bett sind bestimmt noch mehr Milben als bei dir."
Pauls Stirn entspannt sich wieder und die Mundwinkel gehen nach unten. Doch dann fängt er an zu lächeln. „Dann weiß ich wenigstens, dass ich beim Schlafen nie alleine bin!"

Löwengebrüll

Paul und Papa liegen im Park auf der gestreiften Picknickdecke. Papa blinzelt in die Sonne und streckt die Beine aus, als sich Paul plötzlich mit Gebrüll auf ihn stürzt.
„Uaaaaah!", macht er und legt sich auf Papa drauf.
„Huch, welches Tier greift mich denn plötzlich an?", fragt Papa.

„Ein Löwe!", brüllt Paul und fährt seine Krallen aus. Papa lacht und rollt sich zur Seite. „Wie ein Löwe brüllen, konntest du schon immer gut."
„Wieso?", fragt Paul und stürzt sich wieder auf Papa.
„Als du knapp ein Jahr alt warst, waren Mama und ich mit dir im Zoo. Schon von Weitem hat man den Löwen brüllen hören. Es klang unheimlich." Paul setzt sich neben Papa und hört aufmerksam zu. „Du wurdest ganz still", erzählt Papa weiter. „Und als wir dann im Raubtierhaus waren und uns dem Löwen näherten, hast du plötzlich zurückgebrüllt. Mama und ich haben uns erschrocken angeguckt. Es klang täuschend echt!"
„Wirklich?", sagt Paul. „So? Uaaaaah!"
„Ja, genau! Du kannst es immer noch gut! Hoffentlich kriegen die anderen Leute hier keine Angst." Papa schaut sich um.
„Können Tiere auch Menschen nachahmen?", fragt Paul.
„Na klar", sagt Papa. „Es gibt ja sprechende Papageien und andere Vögel. Stare zum Beispiel, das sind sehr gute Imitatoren."
„Imiwas?", fragt Paul und runzelt die Stirn.
„Ein Imitator ist jemand, der eine Stimme oder ein Geräusch nachmachen kann", erklärt Papa.

„In Amsterdam im Bahnhof lebte mal ein Star, der täuschend echt das Geräusch der sich schließenden Türen nachahmen konnte. Dadurch kam der ganze Ablauf durcheinander."

„So in etwa?" Paul versucht, das Geräusch einer Zugtür nachzumachen.

Papa lacht. „Das klingt eher wie ein Autounfall. Bleib du mal lieber bei deinem Löwen."

„Okay, du hast es so gewollt." Paul fährt die Krallen aus und stürzt sich auf Papa.

Knabberfische

Papa steht am Ufer des kleinen Badesees. „Jetzt komm endlich raus, Paul!"
„Hier sind aber kleine Fische, die will ich beobachten!", entgegnet Paul und schaut auf das flache Wasser zu seinen Füßen.
„Das kannst du auch mit trockener Unterhose und T-Shirt machen", sagt Papa. „Du hast ja schon ganz blaue Lippen vor Kälte. Raus jetzt!"
Murrend kommt Paul aus dem Wasser und steht zitternd vor Papa. Der streift ihm schnell die

Schwimmflügel und die Badehose ab und hüllt ihn in ein kuscheliges Badetuch mit Kapuze.
„Ich will Paket spielen", sagt Paul und kauert sich auf der Picknickdecke zusammen.
„Okay, wie immer." Papa hockt sich daneben. „Ding-Dong", spielt er. „Ein Paket? Für mich? Ach, komisch, ich hab doch gar nichts bestellt. Mal sehen, was drin ist ..." Er hebt das Handtuch am Kopf ein Stückchen an. „Oh, was ist das denn?"
„Ein Delfinbaby", sagt Paul.
„Och, das ist ja niedlich", spielt Papa das Spiel weiter. „So eins hab ich mir ja immer schon gewünscht." Er schnappt sich den ganzen Delfinbabyhandtuchpaul und zieht ihn zu sich auf den Schoß.
Plötzlich reißt Paul sich das Handtuch vom Kopf und springt auf. „Gib mir mein T-Shirt und die Unterhose. Ich will weiter die Fische beobachten."
In Windeseile zieht er sich beides an und läuft zurück zur Badestelle. Er steht mit den Füßen im Wasser.
„Jetzt sind sie weg, Papa!", ruft er enttäuscht.
Papa erhebt sich von der Decke, läuft zum Wasser und watet ein paar Schritte hinein.
„Da!", ruft Paul, „jetzt kommen sie! Was wollen sie an deinen Füßen?"

„Keine Ahnung", sagt Papa und blickt hinab. „Es gibt Knabberfische, die knabbern Hornhaut von den Füßen, aber die kommen hier bestimmt nicht vor. Guck mal, jetzt schwimmen sie zu dir!"
Paul springt ein Stück zur Seite, sodass das Wasser spritzt.
„Hey!", ruft Papa, „keine Angst, die sind bestimmt einfach nur neugierig. Außerdem hast du wahrscheinlich gar keine Hornhaut. Als Delfinbaby."
Die Wasseroberfläche beruhigt sich und Paul beobachtet weiter die Fische. „Sie schwimmen immer hin- und her zwischen uns!", bemerkt er jetzt.
„Stimmt", sagt Papa, der ein paar Schritte entfernt von ihm steht.
„Der kleinste ist der schnellste. Warum frieren die eigentlich nicht, wenn sie so lange im Wasser sind?"
Papa überlegt. „Ich glaube, die fressen sich im Sommer eine Fettschicht an und im Winter sinkt die Körpertemperatur und sie halten Winterruhe. Viele Fische machen das zumindest so."
„Und Delfine?", fragt Paul und beobachtet weiter die Fische.
„Das sind ja Säugetiere, keine Fische. Ihr Körper sollte immer die gleiche Temperatur haben. Deshalb gibt es

sie eigentlich auch nur dort, wo das Wasser einigermaßen warm ist. Ich geh mal wieder raus, so richtig warm ist das hier nämlich nicht."

„Ich bleib noch. Ich bin jetzt nämlich ein Fisch und kein Delfin", sagt Paul und beobachtet begeistert den kleinen Fisch.

Brötchen zählen

„Papa, was sind vier Brötchen plus zwei Brötchen?“, fragt Paul auf dem Weg zum Bäcker.

Papa schaut zu Paul. „Das kannst du bestimmt schon selbst rechnen. Zähl von vier an einfach zwei weiter.“

„Vier Brötchen, fünf Brötchen, sechs Brötchen“, sagt Paul. „Wir müssen sechs Brötchen kaufen. Vier normale und zwei Vollkorn.“

„Genau“, sagt Papa und biegt um die Ecke.

„Und wie viele bekommt dann jeder?“

Paul bleibt stehen. Auf seiner Stirn bilden sich Falten vom Nachdenken. „Zwei“, sagt er schließlich. „Mama zwei Vollkornbrötchen und wir jeder zwei normale.“

„Sehr gut!“, lobt ihn Papa. „Dann kannst du ja gleich beim Bäcker bestellen und bezahlen.“

„Können Tiere eigentlich auch rechnen?“, fragt Paul und hüpft hinterher.

„Nur sehr wenige. Affen zum Beispiel, aber auch ein paar Fischarten und Bienen. Die können allerdings nur bis vier zählen.“

Paul lacht. „Zum Glück bin ich keine Biene. Dann würdet ihr jeder nur ein Brötchen kriegen und ich zwei. Aber kein Vollkorn."

Mittlerweile sind sie beim Bäcker angekommen. Papa drückt Paul etwas Geld in die Hand. „Schaffst du das alleine? Dann warte ich draußen. Ach, bringst du mir noch ein Mohnbrötchen zusätzlich mit?"

Paul greift nach dem Schein. „Klaro." Er verschwindet im Laden, erscheint aber kurz darauf noch einmal an der Tür. „Der Bäcker will wissen, wie viele es insgesamt sind", ruft er. „Wegen der Tüte. Sechs oder sieben?"
„Sieben", ruft Papa zurück.
Paul kommt mit einer Brötchentüte aus dem Laden und Papa nimmt sie entgegen. „Mir ist gerade noch eine Geschichte zu Tieren, die rechnen können, eingefallen."
„Erzähl!", fordert Paul ihn auf.
Papa nimmt Pauls Hand und sie laufen los. „Es gab vor über hundert Jahren mal ein Pferd, das hieß der kluge Hans. Hans konnte komplizierte Aufgaben rechnen und hat das Ergebnis durch Stampfen mit dem Huf genannt. Er gehörte einem Mathelehrer, der mit ihm übte. Wissenschaftler haben Tests mit ihm gemacht und konnten keine Tricks finden. Sie dachten also, dass das Tier wirklich rechnen konnte. Bis jemand herausfand, dass Hans einfach gut beobachten konnte. Er las das Ergebnis vom Gesicht des Fragestellers ab und lag damit fast immer richtig. Wenn man ihn also fragen würde, wie viele Brötchen in der Tüte sind, würde er immer weiter aufstampfen, bis sich das Gesicht des Fragestellers nach sieben Mal entspannt und er aufhört."

Paul bleibt stehen und stampft mit dem Fuß auf.

„Sechs?", sagt Papa. „Was willst du mir damit sagen? Es sind doch sieben Brötchen in der Tüte."

„Dass du mir ein Brötchen geben sollst." Paul hält die Hand auf. „Ich hab nämlich Hunger."

Nächtliche Besucher

Papa deckt Paul zu. „Schlaf gut", sagt er.
„Bleibst du noch da?", fragt Paul.
Papa streichelt ihm über den Kopf und gibt Paul einen Kuss. „Ich muss noch ein bisschen arbeiten. Und du schläfst bestimmt auch super allein ein."
Paul reibt sich die Augen. „Weißt du was, Papa? Am liebsten würde ich mal eine Nacht im Zoo verbringen."
„Davon habe ich früher auch geträumt." Papa lächelt.
Paul setzt sich auf. „Und jetzt nicht mehr?"
„Nein", sagt Papa. „Das wäre mir viel zu unruhig. Es gibt ja so viele nachtaktive Tiere. Da käme man bestimmt gar nicht zum Schlafen."
„Aber es ist immer was los. Und man wär nicht allein." Paul lächelt bei der Vorstellung.
„Dann brauchst du vielleicht doch einen Hamster", überlegt Papa laut.
„Ein Hamster kommt mir nicht ins Haus!" Mama erscheint plötzlich im Türrahmen. „Da juckt's mir ja jetzt schon in der Nase."
„Mama! Du bist ja schon wieder da", sagt Paul.
„Ja, und schau mal, wen ich im Flur gefunden habe!"

Mama hält Pauls Eisbär hoch. „Der kann dir doch Gesellschaft leisten."
„Ja!" Paul strahlt. Doch nur kurz. „Aber Eisbären schlafen nachts."
„Umso besser", sagt Papa. „Oder soll ich dir eine Fledermaus vorbeischicken? Ich hab schon von welchen gehört, die nachts in die Wohnung fliegen und es sich in einer Ecke des Schlafzimmers gemütlich machen."
Papa spannt seine Arme auf.
Paul verzieht das Gesicht. „Dann nehme ich doch lieber meinen Eisbären."

Mama wirft ihm das Kuscheltier zu und Paul fängt es auf.
„Gute Nacht!“, ruft Papa und wirft eine Kusshand hinterher. „Ich geh an den Schreibtisch.“
Mit dem Eisbären im Arm winkt Paul ihm zu. „Und du, Mama?“
„Das Mamatier kann sich noch kurz zu dir legen. Aber ich bin alles andere als nachtaktiv.“
Paul rutscht zur Seite und macht Mama Platz. „Wer zuerst schnarcht, hat gewonnen!“

Drachensteigen

„Und jetzt: laufen“, ruft Papa und spornt Paul an.
„Halt die Arme hoch! Ja, es klappt!“
Paul rennt mit der Schnur in der Hand über die Wiese und blickt auf den Drachen, der immer höher steigt.
Paul wird langsamer und hält schließlich an. „Toll!“
Der Drachen bewegt sich am Himmel hin und her.
Doch dann sinkt er immer weiter hinab und landet schließlich auf dem Gras.
„Jetzt du!“ Paul drückt Papa die Schnur in die Hand.

„Magst du nicht mehr?", fragt Papa.
„Ich muss mich mal ausruhen."
Papa rollt die Schnur etwas ein und bringt sich und den Drachen in Position. Dann rennt er los.
Paul beobachtet, wie der Drachen an Höhe gewinnt.
Plötzlich nähert sich ein Vogel. „Der Vogel fliegt dir hinterher!", ruft Paul Papa zu.
Papa stockt im Laufen und blickt nach oben. Der Drachen beginnt zu trudeln und stürzt ab. Doch der Vogel fliegt unbeirrt weiter.
„Doch nicht", sagt Paul.
Schnaufend kommt Papa zu Paul und lässt sich ebenfalls ins Gras fallen. „Ganz schön anstrengend", sagt er. „Aber weißt du was, es gibt wirklich Vögel, die Drachen oder anderen Fluggeräten folgen. Ich hab mal ein Foto in einer Zeitschrift gesehen, das sah toll aus."
„Was war das denn für ein Fluggerät?", fragt Paul nach.
„Irgend so ein Leichtfluggerät. Das benutzt man unter anderem, um mit bestimmten Vögeln Flugtraining zu machen. Dem Waldrapp zum Beispiel", erzählt Papa.
„Wieso denn Flugtraining?" Paul lacht. „Vögel können doch fliegen."
„Ja, das können sie. Aber manchmal muss man ihnen zeigen, wo sie am besten überwintern. Der Waldrapp

galt als ausgestorben und man hat ihn wieder angesiedelt. Und um den langen Flug dahin zu üben, wo er dann überwintert, gibt es das Flugtraining."

„Lustig", sagt Paul. „Wie sieht denn so ein Waldrapp aus?"

„Das ist ein großer Vogel mit schwarzem Gefieder und einem rötlichen langen, gebogenen Schnabel."

„Und wie groß ist er? So wie der Drachen?", fragt Paul.

Papa schüttelt den Kopf und breitet die Arme aus. „Im Flug ist er etwa so breit wie meine Arme jetzt."

Er lässt die Arme auf und ab schwingen.

„Nur dass bei mir auch kein Flugtraining hilft", sagt er dann, lässt erst die Arme sinken und sich dann zurück auf die Wiese plumpsen.

Paul springt auf. „Aber der Drachen kann fliegen. Los, weiter!"

Papa legt sich hin und schließt die Augen. „Ich mache gerade Winterpause", sagt er.

Waldameisen

„Hier sind noch mehr Äste!“, ruft Paul begeistert. Er schnappt sich einen mit beiden Händen und zieht ihn über den Waldboden. Papa und er haben bei ihrem Waldspaziergang ein halb fertiges Tipi entdeckt und bauen es jetzt weiter.

Papa kommt zu ihm und schnappt sich ebenfalls einen Stock. Gemeinsam stellen sie die Äste schräg auf, sodass sie sich oben in der Mitte treffen. Mit einem prüfenden Blick betrachtet Papa das zeltartige Gebilde. „Jetzt brauchen wir dünnere Äste und Zweige“, sagt er.

„Okay“, ruft Paul, „hier sind noch welche!“

Sie schleppen weiteres Baumaterial herbei und die Zeltwände werden immer dichter. Vor lauter Arbeit wird ihnen ganz warm und sie ziehen ihre Kapuzenjacken aus.

„Wir füllen die Lücken noch mit Laub auf!“ Papa geht auf die Suche.

Eine halbe Stunde später ist das Tipi fertig. „Jetzt machen wir ein Picknick da drin!“ Papa schlüpft mit dem Rucksack hinein und Paul folgt ihm.

„Gemütlich!“, sagt er
glücklich und schaut sich um.
Papa guckt in den Rucksack. „Willst du zuerst ein
Brötchen oder Äpfel und Birnen?“

„Beides“, sagt Paul und hält die Hände auf.
„Guten Appetit“, sagt Papa. Paul kaut bereits.
Im Nu verputzt er das Essen. „Haben wir noch mehr?“, fragt er.
„Kekse“, sagt Papa jetzt mit vollem Mund.
„Au ja!“, ruft Paul und dann: „Au!“
„Was ist?“, fragt Papa.
„Aua, eine Ameise!“ Er schaut auf seinen Arm. „Sie hat Pipi gemacht!“
Papa legt sein halbes Brötchen beiseite. „Zeig mal!“
Paul hält seinen Arm hin und Papa schaut. Dann pustet er.
„Oh ja, das tut weh. Aber Pipi ist das nicht. Ameisen beißen. Und Waldameisen spritzen, im Gegensatz zu Ameisen aus dem Garten, Gift in die Wunde.“ Er kramt im Rucksack herum und holt eine Wasserflasche heraus. „Kühlen hilft“, sagt er und hält sie dagegen.
„Warum machen die Ameisen das?“, fragt Paul.
„Ich weiß nicht genau“, sagt Papa, „vielleicht fühlen sie sich bedroht.“ Er nimmt das Brötchen wieder in die Hand. „Oh“, sagt er. Dann schaut er sich um.
„Was denn?“
„Hier sind ziemlich viele Ameisen. Anscheinend wurde das Tipi auf einer Ameisenstraße gebaut. Kein Wunder,

dass die kleinen Tierchen sich bedroht fühlen. Und dass das Tipi nur halb fertig war."
Jetzt entdeckt auch Paul die vielen Ameisen auf dem Boden. Sie laufen mit Tannennadeln beladen umher und einige tragen Brötchen- oder Kekskrümel. „Keine Angst, wir tun euch doch nichts", sagt er.
„Wird's denn besser?", fragt Papa mit Blick auf den Arm.
„Ja", sagt Paul.
Papa isst das Brötchen auf und packt die restlichen Essenssachen wieder in den Rucksack. „Dann überlassen wir den Ameisen mal wieder ihre Straße."
„Tschüss, ihr Ameisen!" Paul winkt. „Guten Appetit noch!"

Katzensitter

„Paul, wir müssen vorm ins Bett gehen noch Giacomo füttern. Denkst du bitte auch daran?"
Paul schaut von seinem Bauernhof-Puzzle auf. „Meinst du Jérôme?"
„Ach ja", sagt Papa und fährt sich durch die Haare. „Irgendwie kann ich mir diesen Namen nicht merken."
„Ist doch ganz einfach." Paul springt auf und läuft zu Papa. „Denk einfach an Jérôme Boateng. Das ist Belas Lieblingsfußballer. Deshalb heißt seine Katze so."
„Okay, ich versuch's."
„Können wir nicht jetzt schon zu Jérôme runtergehen und noch ein bisschen mit ihm spielen?", fragt Paul. „Ihm ist doch bestimmt langweilig, den ganzen Tag allein in der Wohnung."
„Gute Idee", sagt Papa, geht in den Flur und nimmt den Schlüssel der Nachbarn vom Haken.
Sie gehen ein Stockwerk hinunter und schließen bei den Nachbarn auf. Als Paul die Tür aufschiebt, steht der Kater bereits im Flur und blickt ihn an. Er miaut einmal laut und läuft dann ins Wohnzimmer. Paul geht ihm nach.

„Na, Jérôme, wollen wir ein bisschen Ball spielen?", fragt er. Doch der Kater liegt schon auf dem Sofa. Er hebt den Kopf und macht wieder „Miau".
Papa lehnt im Türrahmen. „Ich glaube, Jérôme will einfach nur gestreichelt werden. Wahrscheinlich fehlt ihm das am meisten, wenn er allein ist."
Also setzt sich Paul zu ihm aufs Sofa und beginnt ihn zu kraulen. Der Kater schnurrt wie ein Motor. Paul krault und streichelt und Jérôme schließt die Augen und macht sich ganz lang.

„Ich glaube, er mag dich", schmunzelt Papa.
Jetzt ist ein Dauerbrummen zu hören. „Hihi, das klingt lustig", sagt Paul. „Aber bald kann ich nicht mehr."
„Dann mach doch eine Pause", schlägt Papa vor.
Doch sobald Paul aufhört zu streicheln, miaut der Kater laut. „Vielleicht lenkt ihn das Futter ab. Ich geh schon mal in die Küche und fülle seinen Napf."
Papa verschwindet und Paul krault weiter. Sofort schließt Jérôme wieder die Augen. Doch als er in der Küche das Rascheln hört, öffnet er sie und hebt den Kopf. Der Kater hüpft vom Sofa und düst in die Küche. Dort springt er mit einem Satz auf die Arbeitsplatte.
„Halt, nicht so stürmisch", lacht Papa mit einer Gabel und dem Katzenfutter in der Hand. „Ich bin doch noch gar nicht fertig."
„Ist Boateng Stürmer?", fragt Paul.
Papa gibt mit der Gabel das Futter in den Napf, fügt noch etwas Trockenfutter hinzu und rührt um. „Ich glaube nicht. Aber der hier hat das Zeug dazu, zumindest wenn's ums Essen geht. Stellst du ihm das Futter hin? He, Jérôme!"
Paul stupst den Kater vorsichtig zur Seite, nimmt die Schale und setzt sie vor der Balkontür auf den Boden.

Jérôme springt hinunter und beginnt schmatzend zu essen. Nach wenigen Minuten ist er fertig, läuft zurück ins Wohnzimmer, legt sich wieder aufs Sofa und gähnt ausgiebig.

„Ich glaube, wir haben unseren Job erledigt", sagt Papa und betrachtet Jérôme, der die Augen bereits geschlossen hat. „Mit spielen ist heute nichts mehr."

Jetzt gähnt auch Paul.

„Ab in die Kabine", sagt Papa. Paul sieht Papa fragend an. „Na ja, umziehen und dann ins Bett."

Paul nickt. „Gute Nacht, Jérôme!"

Susanne Weber, Jahrgang 1977, studierte in Berlin Germanistik und Romanistik. Sie arbeitete einige Jahre als Lektorin in verschiedenen Kinderbuchverlagen. Nach der Geburt ihres ersten Sohnes begann sie, erfolgreich Kinderbuchtexte zu schreiben. Mittlerweile hat sie zwei Söhne und schreibt immer mehr.

Susanne Göhlich, geboren 1972, lebt mit ihrer Familie in Leipzig. Neben dem Studium der Kunstgeschichte begann sie zu zeichnen. Dabei ist sie dann auch geblieben. Inzwischen arbeitet sie als freie Illustratorin für Kinderbuchverlage und Magazine.

Für eine tägliche Portion Weihnachtsmagie

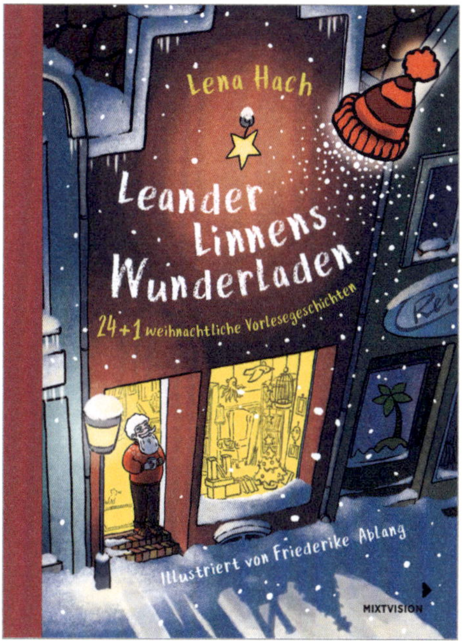

ab 5 Jahren
ISBN 978-3-95854-192-4

176 Seiten, gebunden,
farbig illustriert
18,00 € (D)

Leander Linnen betreibt einen kleinen, auf den ersten Blick unscheinbaren Trödelladen. Und doch ist da eine ganz besondere Magie, die von dem bärtigen alten Mann und seinem Geschäft ausgeht. Denn wer auch immer den Laden betritt, wird ihn bereichert wieder verlassen - bereichert um ein bisschen Gelassenheit, das perfekte Geschenk oder einfach nur beseelt vom Zauber der Weihnacht.

Lena Hach erzählt in 24+1 zauberhaften Vorlesegeschichten von Ehrlichkeit und Nachsicht, vom Wert gemeinsam verbrachter Zeit, von der Freude des Schenkens und von Toleranz und Miteinander.

© Mixtvision Verlag, Leopoldstraße 25, München 2023
www.mixtvision.de

Text: Susanne Weber
Umschlagillustration: Susanne Göhlich
Grafik und Gestaltung: Lena Ellermann
Druck und Bindung: Grafisches Centrum Cuno, Calbe

MIXTVISION DRUCKT IN DEUTSCHLAND

MIX
Papier aus verantwortungsvollen Quellen
FSC® C043106

ISBN: 978-3-95854-200-6